LOCUS

LOCUS

LOCUS

LOCUS

**mark**

這個系列標記的是一些人、一些事件與活動。

mark 05 潛水鍾與蝴蝶
作者：尚多明尼克・鮑比 (Jean-Dominique Bauby)
譯者：邱瑞鑾
責任編輯：陳郁馨　美術編輯：何萍萍
法律顧問：全理法律事務所董安丹律師
出版者：大塊文化出版股份有限公司
台北市104南京東路四段25號11樓
讀者服務專線：0800-006689
TEL：(02) 87123898　FAX：(02) 87123897
郵撥帳號：18955675　戶名：大塊文化出版股份有限公司
e-mail:locus@locus.com.tw

行政院新聞局局版北市業字第706號


總經銷：大和書報圖書股份有限公司　地址：台北縣三重市大智路139號
TEL：(02) 29818089 (代表號)　FAX：(02) 29883028　29813049
排版：天翼電腦排版有限公司　製版：源耕印刷事業有限公司
初版一刷：1997年10月
初版44刷：2003年7月

定價：新台幣150元
Printed in Taiwan

# 潛水鐘
# 與
# 蝴蝶

## Le Scaphandre et le papillon

前Elle雜誌總編輯
Jean-Dominique Bauby著
邱瑞鑾　譯

# 眼神寫成的纏綿之書（中文版代序）

南方朔

最新的消息說，電影《第五元素》的導演盧貝松（Luc Besson）在看了已故的鮑比（Jean-Dominique Bauby）所寫的《潛水鐘與蝴蝶》（*Le Scaphandre et le Papillon*）這本書後深受感動，希望能將他的傳奇一生拍成電影。大概也只有盧貝松這一級的導演，才有可能抓得住書中的纏綿。

《潛水鐘與蝴蝶》是本獻給生命的纏綿之書。它的法文本出版於一九九七年三月七日，但出書後兩天，作者就涸竭而歿。鮑比是法國時尚雜誌*ELLE*的總編輯，他在九五年十二月八日因爲中風而成了「準植物人」。他不再能動，也失去了語言，全部的肌肉只剩下拉動左眼眼簾的那一根還有機能。於是，他遂用別人指字母，指對了他就眨眼睛的方式，一個字母、一個字母地寫出這本《潛水鐘與蝴蝶》。它薄薄的只有一百多頁，但最絕望的人卻有最深刻的感情。鮑比用最平淡的口氣談他的孤獨和哀傷，過去的惘然變成愈來愈深的記憶，而此後則只是一點一點更多的失去。他像一只繭那樣被關閉，卻讓回憶和感情彷佛蝴蝶般飛翔，翅膀上滿載著令人掬淚的沈重。他對殘存的生命充滿了不捨的愛戀，但一切的不捨卻又都只是徒然，因而他書裡的纏綿就更讓人心疼了起來。他的書寫到九六年八月停止，最後的一段說：「在宇宙中，是否有一把鑰匙可以解開我的潛水鐘？有沒有一列沒有終點的地下鐵？哪一種強勢貨幣可以讓我買回自由？」渺茫的希望未曾發生，他很快奔向了絕望的終點。

作爲時尚雜誌總編輯的鮑比，是個開朗、健談、喜歡旅行、講究美食和生活的人。但這一切眼前擁有的幸福，卻都隨著一次中風而化爲烏有。那一天早晨，他在新女伴黑色的髮絲間醒來，去試一款德國新車，下班後則準備到前妻住處接他們的兒子度週末。但就在接到兒子準備上車時，突然中風昏迷，再醒來已是三個星期之後。三個星期的時間斷層，生命被切成兩半，他開始了彷佛寄居蟹，又如關在潛水鐘裡如繭般的新生命。

由昏迷中醒來，又經過漫長的暈眩脆弱，半年之後，治療師協助他找到拼字母、眨眼睛的溝通方式，他才在出版社助理的幫助下，一個字母、一個字母寫下這本只有薄薄百餘頁的小書。書以這樣的句子開始：「在老舊的麻布窗簾後面，映著淺淺奶白色的光，透露了天色破曉。我的腳後跟很痛，頭彷佛千斤重，而且好像有潛水鐘之類的東西緊緊罩住我的全身。〔……〕當我困頓如繭的處境，比較不會壓迫得我喘不過氣來，我的心就能夠像蝴蝶一樣四處飄飛。有好多事情要做。我可以在空間、時間裡翱翔〔……〕」

鮑比以《潛水鐘與蝴蝶》爲書命名，「潛水鐘」指生命被形體所困禁的困頓，「蝴蝶」則隱喻生命在想像中具有的本質自由。但「潛水鐘」加上「蝴蝶」，這隻蝴蝶再怎樣舞踊，也呈現不出曼妙的輕鬆，而只有掩飾不住的悲痛。因此，當他第一次使用輪椅，護士儘管將它說得好像是好事，「然而這迴響在我耳裡卻像是判決一樣。轟的一瞬間，我突然了悟這個讓人驚惶無措的既定事實。恍如原子彈的蕈狀雲一樣令人目眩。又彷佛比斷頭臺上的鍘刀更鋒利。」

因此，《潛水鐘與蝴蝶》是本絕望之書。它清楚地敘述他在繭裡的生命惡化過程：他在二十個星期裡體重減輕了六十六磅；他的右眼失去了功能而被縫死；他的右耳失去聽力，左耳側變成蝴蝶耳朵那般敏銳。人在絶望中的脆弱和卑微，例如一向美食家的他，兒時祖母香腸的記憶反而襲上心頭；護士替他清洗讓他既挫折又快樂；失去吃的能力，依靠胃管攝食的他，「要是能把不斷流進我嘴巴裡的口水順利嚥下去，我就會是全世界最快樂的人」。

《潛水鐘與蝴蝶》也是本孤獨之書。當他只剩眨眼睛這唯一的溝通能力後，更加感覺到溝通的困難。人在脆弱中變得敏銳，也在脆弱中知道孤獨的況味。鮑比由於只剩很少的表達方式，不是特別體貼的人根本不可能知道他的反應。因此，護士會突然關掉他正在看的電視，他會被許多不在意的舉止行爲所傷害；當然，這時候他也更能將心比心地理解別人——他的父親九十三歲，住在公寓樓上，老到連脚都站不穩，他們同樣都是像繭般的活著。

但《潛水鐘與蝴蝶》也是本纏綿之書。人的困頓造成的靈魂纖細，使他更能用纏綿的心看待記憶，也更能在無助中呈現出敏銳的善良。這本書裡的此類片段是讓我在閱讀的心痛裡最感動的部分。鮑比可以感覺到父親的無助，可以感覺到八歲女兒在遙遠之外爲他所作的祈禱。他可以感覺歷史、記憶和友人。曾經有過的遺憾。曾經幾乎犯過的誤解，都在這樣的纏綿裡變成一則溫暖的小故事。

鮑比在「準植物人」的狀態下掙扎，他渺茫地希望著有機會靠著枴杖，有一天又能回到他在巴黎的辦公室，從而結束他那無聲的噩夢。但他終究沒能走出這場夢境，而在繭中枯竭。被囚的蝴蝶走不出宿命，但就像鋼琴從樓上被摔下，黑黑白白的琴鍵零落滿地。他的薄薄遺著，就像琴鍵般鋪成一種交織著絶望和纏綿的淒美，讓人沈痛，但也會覺得要更加看重自己的生命。

薄薄的小書，沒有華麗的詞藻，但卻一個字一個字地雕刻著生命。看完這本書後，更加關懷起那些失去一切表達能力的植物人，他們那些我們不知道的痛苦是什麼？人的溝通靠表達以及了解表達的細心，但我們卻經常在不細心之中彼此冷漠、傷害及誤解。鮑比用他的經驗告訴我們，必須珍惜一切已有的感覺。他即將失去一切，因而遂能掌握已有的不多。對天天在揮霍著生命的我們，在看完這本書之後，怎能不更加寶貝我們的幸運呢？

# 目錄

獻給提奧菲和西莉絲特，希望他們能有很多蝴蝶。

並向克蘿德・蒙狄璧（Claude Mendibil）表達我衷心的謝意，

她是這本書的最大功臣。

因爲她，這本書才會清晰可讀。

# 序言

在老舊的麻布窗簾後面，映著淺淺奶白色的光，透露了天色破曉。我的腳後跟很痛，頭彷彿千斤重，而且好像有潛水鐘之類的東西緊緊罩住我的全身。我的房間輕輕緩緩地從昏暗中抽退出來。我仔細端詳我親愛的人的照片、孩子們的塗鴉、海報，以及一個鐵製的小小自行車選手，這是一位朋友在巴黎-魯貝自行車賽開賽的前一天寄來的紀念品，我也仔細端詳圍著護欄的床，這張床是我六個月以來，像岩石上的寄居蟹一樣賴著不走的地方。

不需要思索很久，就知道我人在哪裡，我記得我的人生是在去年十二月八號的那個星期五起了個大反轉。

在那以前，我從來沒有聽過別人提起腦幹。那一天，我心血管發生意外，所謂的腦幹喪失了傳導的功能，我才猛然了解它是我們頭腦運作的重要樞紐，是連結大腦與末梢神經必不可少的路徑。以前，我這種病叫做「腦溢血」，一旦發作，二話不說就是死路一條。救生醫療技術的進步，使得病人所受的刑罰更加精巧。我雖然免於一死，卻陷在這樣的處境裡：從頭到腳全身癱瘓，意識清醒地封閉在自己的內在世界中，無法和人溝通，只能靠著眨左眼皮，與外界對話。這種病症才剛剛被英國醫生命名爲 locked-in syndrome（閉鎖症候群）。

當然，當事人總是最後才知道自己交上這樣的好運。以我來說，在身體機能完全受損之前，我應該是昏迷了二十天，又連著好幾個禮拜意識模糊。一直到一月底，我才在貝爾克（Berck）海軍醫院一一九號病房裡甦醒過來，也就是在現在照進來早晨第一道光線的這間病房。

這是一個普通的早晨。七點鐘，小教堂的鐘聲開始噹噹作響，十五分鐘一響、十五分鐘一響地，標明了時間的流逝。停歇了一夜以後，我阻塞的支氣管又發出哼哼咻咻的雜音。我的雙手蜷縮在黃色被單上，疼痛難當，痛得我根本分不清我的手是灼熱，還是冰涼。爲了克服關節硬化的毛病，我出於本能地把肢體伸展了一下，使勁地讓手臂和大腿挪動幾公分。常常，這能減輕一些肢體上的疼痛。

當我困頓如繭的處境，比較不會壓迫得我透不過氣來，我的心就能夠像蝴蝶一樣四處飄飛。有好多事情要做。我可以在空間、時間裡翱翔，到南美洲最南端的火地島去，或是到神話中的米達斯國王的皇宮去。

我可以去探望我所愛的女人，悄悄挪到她的身邊，撫摸她沈睡中的臉龐。我可以在西班牙建造城堡，掠取金羊毛，勘察亞特蘭提斯，實現童年的夢想，完成成年的雄心壯志。

暫且停止四散紛飛的浮想。我必須先構思這個臥病在床的旅遊札記開頭要怎麼寫，在出版社派人來一個一個字母地記下札記內容之前，我就要準備好題材。在我腦子裡，每個句子都要先攪拌過十次，刪一個字，加一個形容詞，牢牢記住我造的句子，把一個段落、一個段落的文句都背下來。

七點三十。值班的護士小姐打斷了我的思路。一天的例行活動準時開始，她拉開窗簾，檢查一下氣管導管和注射的點滴，然後打開電視看看新聞。現在，電視正在播卡通影片，故事是說一隻西方跳得最快的癩蛤蟆。要是我許願，希望自己變成癩蛤蟆，那會怎麼樣呢？

# 輪椅



我從來沒看過這麼多穿白袍的人在我的小房間裡。好幾個護士、好幾個看護工，還有物理治療師、職能治療師、心理分析師、神經科醫師、實習醫師，甚至是專科主任，整個醫院裡的人都在這個時候調度過來。當他們推著輪椅進病房，來到我床邊的時候，我還以爲是要我騰出床位，讓給新來的住院病人。住在貝爾克幾個星期以來，我每天一點一點地泅近腦海的岸邊，意識逐漸清醒，但我還是沒有辦法想像輪椅會和我有任何關聯。

沒有人爲我描繪我目前確實的處境，而我從這裡一點、那裡一點拼湊起來的隻言片語中，自己把它解釋爲我的情況樂觀，必定能夠很快地恢復行動自由、恢復說話能力。

我四處飄飛的浮想甚至做了千百個計畫：一本長篇小說、幾趟旅行、一個劇本，而且要把我自己發明的水果雞尾酒商品化，推廣到市場上。不要問我調配的方法，我已經忘了。他們立刻為我穿上衣服。「這會讓你精神比較振奮。」神經科醫師用教訓人的口吻說。其實，穿上了醫院裡專用的黃色尼龍罩衫以後，我眞希望能再穿穿格子襯衫、舊長褲，和變形了的粗毛線衫，只是怕穿上這些衣服又會變成我另一種噩夢——看這些衣服隨著我嚴重易位、疼痛不堪的鬆垮身體千絞百扭。

罩衫穿好了以後，「儀式」就開始了。兩個粗手粗腳的人抓著我的肩膀和腳，有點粗暴地把我從床上抬起來，放到輪椅上。一場單純的疾病，讓我成了殘障，就好像本來鬥小牛的鬥牛士升格了，要去鬥大公牛。沒有人為我鼓掌，但是大家差不多也都有這個意思。照顧我的人推著我在這個樓層轉一轉，好檢查我的坐姿會不會引發突如其來的痙攣。但是我對他們的擺佈沒有任何反應，只一心思量著我的前程就這樣毀於一旦。他們在我的後腦墊了一個特製的墊子，因為我的頭會略微晃來晃去，好像非洲女人把一年一年套在她們脖子上的串串金環取下來以後，她們被拉長的脖子也會這樣地晃動。「你以後都要坐輪椅囉。」一位職業治療師笑笑地加上評語，他想使他說的話聽起來像個好消息，然而這迴響在我的耳裡卻像是判決一樣。轟的一瞬間，我突然了悟這個讓人驚惶無措的既定事實。恍如原子彈的蕈狀雲一樣令人目眩。又彷彿比斷頭台上的鍘刀更鋒利。

他們人都走了，只留下三位看護工幫我搬回床上去。看他們那副吃力的樣子，不禁讓我想起了警匪片裡的畫面：幾個歹徒使勁把剛剛撂倒的一具礙事者的屍體，塞進車子後座的行李廂。輪椅被棄置在角落，我的衣服搭在它深藍色的塑膠靠背上。最後一位穿白袍的人離開以前，我示意他輕輕扭開電視。現在正在播《數字與字母》，是我爸爸喜歡的一個節目。從早上開始，雨點就不斷打在石板上。

# 禱告

終究，輪椅這個事件的衝擊是有益的。事情變得比較明朗。我再也不會去訂一些無法實現的計畫，而且，朋友們也不會沈默得不知道和我說什麼好。自從我發病以後，他們就以感情在我四周築起了一道藩籬，不忍心跨越。但現在再也沒有什麼碰觸不得的話題，我們開始談**閉鎖症候群**。首先，這種病很罕見。要非常幸運，才能掉進這種可怕的陷阱裡，比樂透中大獎更需要有好運氣，但是這種說法安慰不了我。在貝爾克，我們只有兩個人「吉星高照」，而我的閉鎖症候群情況究竟如何，尚有待觀察。我還能夠轉動頭部就不太應該了，基本上，在臨床診斷時，是不預期會有這樣的情況發生的。大部分這種病例都被棄置在植物人的狀態，而醫學界依然不了解這種疾病的病程發展。我們只知道，要是神經系統哪一天突然心血來潮決定重新運作，它的速度大概會相當於從大腦基質底層長出頭髮的速度。換句話說，就是我要能挪動腳趾頭，大概是好幾年以後的事了。

其實，必須先想辦法改善的，是我呼吸道方面的問題。長期來看，我有希望能夠正常地進食，不必靠插胃管；也有希望可以自然地呼吸，吸吐氣息帶動聲帶的振動。

而目前，要是能把不斷流進我嘴巴裡的口水順利嚥下去，我就會是全世界最快樂的人。天還沒亮，我就開始練習把舌頭挪到口腔後部，試圖刺激它產生呑嚥的反應。然後，我向著掛在牆上的小香包，爲我的喉嚨祈福。這個小香包是幾位信仰虔誠、遊蹤在外的同事，從日本帶來給我的保身符。我的親朋好友都會以祈福的心，隨著他們的腳蹤，爲我帶回來許多祝禱，這些祝禱多得足以堆疊成一座宏偉的建築，而牆上的小香包就是這座建築其中的一顆石子。在世界各個角落，都有親朋好友爲我祈求各種不同神祇的庇佑。我試著在這個浩瀚無邊的精神信仰裡做了一點安排。要是有人告訴我，他們在布列塔尼的教堂裡爲我點燃了幾根祈福的大蠟燭，或是在尼泊爾的廟宇裡爲我頌禱經文，我就會立刻爲一個明確的目的祈求庇佑。一位女性朋友向我保證，非洲的神靈非常敦厚溫雅，因此透過她，我把我的右眼託付給喀麥隆的一位伊斯蘭教隱士。我也把我受損的聽力，託付給波爾多一個修會裡的修道士，因爲我虔誠的岳母和這個修會一向往來密切。他們定期爲我撥數念珠禱告。有時候，我會偷偷溜到他們修道院去，聆聽他們響徹天際的唱詩聲。

一時還看不出這些祝禱有什麼不尋常的果效，但是，當這個修會的七位修道士被狂熱的伊斯蘭教徒割喉殺害時，我會好幾天耳朵不舒服。然而，這些神靈的庇佑和我女兒所做的比較起來，只不過是泥水造的圍牆、沙土做的堡壘、防守不住的馬其諾防線，我的女兒西莉絲特（Céleste）每天晚上闔眼睡覺前，都會爲我向她的上主獻上小小的禱告。我們差不多都在同一個時間入眠，我靠著這股最窩心的扶持力量，在夢境的國度裡靠岸歇息，避開一切的凶惡。

# 洗澡

八點三十分，物理治療師來了。治療師碧姬有一副運動員身材，臉的側面長得很像羅馬錢幣上的人形，她一早就來幫我動一動關節硬化的手臂和大腿。這種物理治療稱爲「動員」(mobilisation)，這個軍事名詞用在我身上感覺很滑稽，因爲我這支軍隊潰不成軍：二十個禮拜之內掉了三十公斤。我在發病以前吃了八天的減肥餐，那時候怎麼敢期望會有今天這樣的成效。碧姬還查看了一下我會不會顫抖，有沒有改善的跡象。「試試看，握緊我的手。」她說。我偶爾會有幻覺，以爲能夠挪動手指頭，所以我集中全部的力量，試圖捏碎她的趾骨，但是根本連動也沒動一下，她又把我呆滯不動的手放回泡綿襯墊上。事實上唯一有進展的是頭部。我的頭可以左右轉九十度，我的視野能看到隔壁建築物屋頂的石瓦，也能在我沒辦法張開嘴巴的時候，看到我兒子提奧菲（Théophile）畫的一隻奇怪的米老鼠伸出長長的舌頭。因爲持續的練習，我的嘴巴已經能微微張口。就像物理治療師說的：

「必須要非常有耐心。」這一套復健最後一個步驟是臉部按摩。碧姬溫熱的手，按壓我整張臉，包括我自己覺得硬得像羊皮紙、瘦瘠無肉的部分，也包括還有神經知覺、能皺一邊眉毛的那部分。臉這兩部分的分界線正好從嘴巴經過，我只能牽動一邊的嘴角，略略露出一半的微笑，不過這已經足以讓我把心情的起伏表露出來。另外，和我家居生活有關的一個插曲——梳洗——總會帶給我種種複雜的感受。

有一天，我突然覺得很可笑，都四十四歲了，還像個小寶寶，需要人幫我清洗、轉身、擦拭、包尿布。完全倒退到嬰兒期，居然會讓我有種隱約的快樂。但是過不了多久，所有這些事情卻會讓我憂傷難以自抑，眼淚就這樣滴到了看護工抹在我臉頰上的刮鬍泡泡。

每個禮拜洗一次的澡，會讓我同時沈浸在痛苦折磨與幸福至樂中。泡在浴缸裡的美妙時刻，很快地就會有一股鄉愁急急划游而來，而以前泡澡曾經是我生活中最大的享受。帶著一杯茶，或是一杯威士忌，再帶一本好書，或是一疊報紙，我泡在浴缸裡久久不出來，一邊還用腳趾去摳動水龍頭。會有那麼一會兒，我覺得以我目前的處境，來回憶那段愉快的時光是非常殘酷的。幸好，我沒有時間鑽牛角尖。他們把發抖的我放在推床上，又把我送回病房，老實說，這張推床眞是舒服得像伊斯蘭教苦行僧睡的釘床。

十點三十的時候，從頭到腳全身都要穿戴好，準備下樓到復健中心去。我拒絕穿醫院建議的醜陋的慢跑衫，所以我還是穿我學生時代的舊衣服。和洗澡一樣，我老舊的背心會使我回想起這一路走來每一步痛苦的足跡。但是我寧願把這些衣服看做生命延續的象徵。證明我還是要成爲我自己。哪怕要受罪，我還是堅持在開司米龍裡做我自己。

# 字母

我很喜歡拼音字母裡的每一個字母。晚上，夜色闃黑，唯一還有一點生息的，是電視開關顯示燈的小紅點。在這個時候，母音和子音隨著查理・特內（Charles Trenet）一首曲調輕快的法蘭多拉舞曲舞動：「威尼斯，精美絕倫的城市，有我甜蜜的回憶……」它們手牽著手，從房間的這頭跳到那頭，來到床邊繞圈圈，又沿著窗戶舞動，蜿蜿蜒蜒地在牆上迴旋，一直盤繞到門邊，然後再從頭來一遭。

E S A R I N T U L O M D P C F B V H G J Q Z Y X K W

這個看似雜亂無章的歡樂隊伍，它們的排列組合並不是隨便湊湊的，而是經過聰明的配置。與其說這是二十六個拼音字母，不如說是一張排行榜，每一個字母按照它們在法文裡的使用率排定先後次序。因此，E的帶頭舞動，W緊隨在最後，深怕脫隊。B在賭氣，很不高興被下放到V的隔壁，它們兩個的發音老是被搞混。驕傲的J很訝異，它在很多地方常常當一個句子的起頭，現在竟然被排在那麼後面。胖胖的G拉長了臉，它的位置會被H吹一口氣，惹得它很火。常常焦不離孟、孟不離焦的T和U，沒有被迫分離，盡情享受著相聚的喜悅。這一切的排列組合都有成立的理由：使所有願意嘗試和我直接溝通的人，溝通起來不會那麼艱鉅。

這一套辦法蠻原始的。人們按照ＥＳＡ……的次序，把一個個的字母念出來給我聽……一直到我眼睛眨一下，示意他就是那個字母，對方就把字母記下來。下一個字母也是照這種方式進行。要是沒出什麼差錯，很快就可以拼出一個完整的單字，然後一些句子的某些片段也漸漸可以看懂。不過，這只是一套辦法，只是運作的方式，是用來解釋的說明書。接下來，有實際會發生的狀況。有些人會怕，有些人很理智；面對這一套文字代碼，每個人的反應都不一樣，就像每個人翻譯我想法的樣式也不一樣。喜歡玩填字遊戲的人，和喜歡玩排字遊戲的人，可以用比較短的時間把單字拼出來。女生也比男生更能處理這種溝通方式。由於不斷地練習，有些人非常熟練這一套方法，甚至不需要動用到那本神聖不可侵犯的筆記本，不需要一邊看著抄錄在其中的字母排列順序，一邊在空白頁上記下我所有的話語，好像記下阿波羅神殿女祭司的神諭。

不過，我在想，公元三千年時，要是有考古人類學家翻閱這本筆記本，他們會看到各種字句摻雜在同一頁，有像這樣的句子：「物理治療師懷孕了」、「尤其是大腿」、「是亞瑟・韓波」，也有像這樣的句子：「法國人玩得跟豬一樣差勁」。筆記裡潦潦草草寫了一些兜不上的字，看不懂，又東拉西扯的，單字也沒拼對，不是掉了幾個字母，就是沒有把音節接續拼完。眞不知道他們看過之後會做出什麼結論。

容易激動的訪客很快就會失控。他們用單調平直的聲音，很快地把二十六個字母丟出來，隨隨便便念幾個字母，而一看所得到的回應是沒頭沒腦的句子，他們就會忍不住叫起來：「我眞白癡啊！」但是終究，結果會變得比較輕鬆，因爲我不需要賣力去應對，他們到最後會一肩扛起所有的對話，自己問問題，自己回答。我尤其害怕那些把話悶在心裡的人。我問他們：「還好嗎？」他們回答：「好」，然後立刻又把發球的責任丟給我。和他們對話，字母變成掩護的砲火，必須先提問兩三個問題，才不會彼此尷尬地楞在那裡。而那些有耐心講究細節的人，比較不會出差錯。他們仔仔細細地把一個個字母標出來，在句子還沒有結束以前，不會去臆測這個句子奧祕的底蘊。也不會憑自己的意思補上一個小小的單字。他們以腦袋做擔保，保證不會自己在 champi 後面加上 gnon，在 l’ato 後面加上 mique，也不會有 nable 自動接在 intermi 或是 insoute 的後面。這個對話緩慢的過程，很容易讓人不耐煩，但這至少可以避免誤解，而這種誤解往往是那些衝動的人沒有查驗自己的直覺，而在不知不覺中陷入的泥淖。不過，我也能體味用這一套方法溝通別有一番詩意，就像有一天，我表示我要眼鏡（lunette），對方卻問我，我要月亮（lune）做什麼……

# 皇后

在法國已經沒有多少地方，會特別經營一個處所來緬懷艾珍妮皇后了。海軍醫院裡有一間非常非常大的廳廊，在這間大得可以同時推動五輛推床和輪椅，而且具有回音效果的廳廊裡，有一個展示的玻璃櫃，櫃裡陳設的正是一些和她有關的收藏。到這裡來參觀之後，就明白原來艾珍妮皇后——拿破崙三世的妻子，正是海軍醫院的贊助者。在這座小型的博物館裡有兩件珍藏，一件是白色的大理石胸像，重塑她年輕時候的光采。這位失勢的皇后在第二帝國結束半世紀後去世，享年九十四歲。另一件珍藏，是貝爾克車站副站長寫給《海軍通訊》主編的一封信，敍述一八六四年五月四日皇室人員短暫來訪的盛況。從信裡，可以看見有一輛特別的火車抵達了貝爾克，看見隨從艾珍妮皇后的年輕女賓，她們這一群巧笑倩兮的訪客在城裡四處遊覽，而且看見有人向醫院裡的小病人介紹這位鼎鼎大名的資助者。有一段時間，只要有機會去看這些珍貴的收藏，致上我的崇敬之意，我一定不會錯過。

我一再重讀副站長那封信，少說也有二十次。我廁身在那一群喋喋不休的隨從侍女之間，如影隨形地跟著艾珍妮皇后從一個廳走到另一個廳，咫尺不離她的黃絲帶女帽，不離她的塔夫綢布小陽傘，以及從她身上飄散出來的宮廷特製古龍水的香氣，迤邐而成路徑。有一天刮大風，我大膽地趨近她，甚至還把我的頭埋在她織綴著緞布花紋的白紗華服衣褶裡。她的衣飾柔軟得像攪拌過的奶油，也清爽得像早晨的露水。她沒有把我推開。她的手指從我的髮際穿過，輕柔地對我說：「喏，我的孩子，你要非常有耐心」，她的西班牙腔，和神經科醫師的腔調很像。這時候她不再是法國皇后，而是一位撫慰病人的神祇，是聖女麗塔，是絕望者的守護女神。

一天下午，我向她的塑像吐露我的憂愁，卻發現有一張陌生的臉介於她和我之間。展示櫃的玻璃上，反射出一張男人的臉，那張臉好像泡在一個裝滿乙醇的罐子裡。嘴巴變形，鼻子受創，頭髮散亂，眼神裡充滿了恐懼。一隻眼睛的眼皮縫合了起來，另一隻眼睛瞪得大大的，好像該隱（譯註）不甘自己的命運受到詛咒的眼睛。我凝視著這邊眼睛的瞳仁，有好一會兒，怎麼也意會不過來其實這就是我自己。

這時候，一股無以名之的恬適感湧上心頭。我不但是遭受流放、不但是癱瘓了、啞巴了、成了半個聾子，不但是所有的歡樂都被剝奪了，一切的存在都被減縮了，所剩下的僅僅是蛇髮魔女美杜莎般的驚悚駭人，甚至，光看我的外表就夠恐怖的了。這一連串接踵而至的災難，使我不可遏抑地笑了起來，很神經質地笑了起來；被命運之鎚重重擊打之後，我決定把我的遭遇當成一個笑話。我呼呼喘著氣的開懷笑聲，剛開始時讓艾珍妮皇后怔了一下，但是後來她也感染到了我的好情緒。我們笑得眼淚都流出來。這時候，市政廳所屬的銅管軍樂隊開始演奏華爾滋。如果這不會冒犯艾珍妮皇后，我實在很樂於站起來邀請她跳舞。我們要在綿延數公里的方磚地板上舞動、飛旋。從這一次以後，我每到大廳廊，一看到皇后的臉，就對她那似有若無的微笑了然於心。

譯註：

該隱（Cain）爲聖經中的人物，因不滿耶和華看中弟弟的供物，而把弟弟殺了。耶和華因此處罰他。該隱不甘，謂刑罰太重，向耶和華求情。見聖經〈創世紀〉第四章一至十五節。

# 西那希露台

當ULM輕型飛機以一百公尺的高度，轟隆隆的低空掠過貝爾克的歐帕海岸時，從海軍醫院這裡可以看到最具有視覺震撼的一幕。海軍醫院的建築宏偉，雕琢精美，棕色的石牆高高聳立，一派法國北方建築的樣式，它的位置就在貝爾克城和英吉利海峽茫茫海水之間，彷彿擱淺在沙灘上。在它最漂亮的那一面牆的三角楣上，寫著「巴黎市立」幾個字，就像寫在公共澡堂和巴黎公立小學牆上的一樣。這是在第二帝國時期，爲了生病的小孩而設立的醫院，因爲當時巴黎的氣候不適合療養，所以就在這裡蓋了這所醫院，但是權責劃歸巴黎市。

雖然這所醫院的位置是在加萊海峽附近，但是對社會救濟局來說，我們好像就在巴黎塞納河邊。

這整座建築眞像一座迷宮，有許多綿延不絕的通道，互相貫穿，常常可以見到「梅納爾」的病人在「索雷爾」那裡迷路了，他們嘴裡不斷重複念著這幾位醫生的名字，因為醫院主要的幾棟樓就是以這些著名外科醫生的名字來命名。這些迷路的人往往驚慌失措，眼神像孩子一樣無助，好像剛剛有人把他從媽媽身邊強行帶走。他們搖搖晃晃地拄著拐杖，聲音幽怨地喊道：「我迷路了！」就像幫我推輪椅的人說的，我是屬於索雷爾那邊的。我其實還蠻清楚自己的方位，反而是幫我推輪椅的人常常被搞迷糊，尤其是第一次推我出去的人。要是他們走岔了路，四下摸索著路徑，我也不做任何表示，寧願隨便他們推著走。因為這正是發掘一些隱密角落的好機會，能夠瞧一瞧新來的臉孔，嗅一嗅廚房裡飄散出來的氣味。所以，我就是這樣不經意地來到了燈塔這裡。那時，我剛脫離昏迷狀態，頭幾次有人推著我坐輪椅到處去逛，而當我們搭升降梯，迷了路，下錯樓層，一轉彎，突然就看到了燈塔的身影：高聳、堅實，橄欖球運動衫似的條紋，紅、白相間，看了就讓人心安。我立刻讓這座象徵兄弟情誼的燈塔來保護我，它不僅守候海員，也守候著病人，這些擱淺在孤獨淺灘上的遇難者。

後來我和燈塔一直都有接觸，時常請人推我到「西那希露台」去看看它。西那希露台是索雷爾的一處露天平台，一向很少有人去，但對我來說，那裡是醫院地理環境的一個基本定位點。這一座正面朝南的的寬敞露台，視野無限開闊，散發出像電影布景一樣變化萬千的迷人詩意。貝爾克的市郊，看起來好像是放在火車模型旁邊的配襯景物。在沙丘下方，有幾間木造房屋，感覺好像是美國西部的幽靈城市。遠眺大海，只見浪花沫子白閃閃的，好像從一個特別的光源映射出來的光暈。

我可以一次又一次在西那希露台待上一整天。在這裡，我成了有史以來最偉大的導演。取城市的一角，我重新拍攝奧森・威爾斯的電影《邪惡之感》（*Touch of Evil*）的近景鏡頭。在沙灘上，我爲約翰・福特的《驛馬車》再拍一次推移鏡頭，在漫漫大海上，我又爲弗立茲・朗的《月光艦隊》（*Moonfleet*）創造一場吹襲走私犯的狂風暴雨。或者我把自己融入鄉村景致裡，我和這個世界的聯繫，就只有一隻友善的手輕輕撫摸著我僵硬了的指頭。我是瘋子皮耶侯，臉上塗得藍藍的，頭上盤著一長串炸藥。想要劃一根火柴的慾望，像雲一樣地飄過我的心頭。是夜幕低垂的時候了，是最後一班火車駛向巴黎的時候了，是該回我房間的時候了。我期待冬天來到。全身穿得暖暖的，可以遊蕩到夜晚，看太陽下山，燈塔的燈火接班，把希望的光照在四面八方。

# 觀光客

在第二次世界大戰後，結核病爆發大流行，本來專門收容病童的貝爾克海軍醫院，也開始收容患了結核病的年輕病人。而今天這所醫院主要是針對衰老化的問題，診治身體和心智無可避免的削損。如果以一幅畫來描繪這裡整個醫療範圍的話，老年醫學只是這幅畫的部分景觀。畫面裡還有另一景：二十幾位陷入永久昏迷的病人。這些可憐的人沈落在無窮無盡的無邊黑夜裡，一隻腳跨在死亡的門檻上。他們從來沒有離開過自己的病房。可是大家都知道他們人就在那裡，他們彷彿是重擔，壓在醫院全體人員身上，像是每個人心裡背負的愧疚。另一側，在貧病老年人區的旁邊，有幾位患肥胖症的病人，他們常是一副驚慌的神色。醫生很希望能幫助這些人減輕龐然的體重。在中間的地方，有一支軍團讓人印象特別深刻，腳受傷的人是其中的主力部隊。這些倖免於更大災難的病患，有的是運動受傷、有的是車禍受傷、家庭意外受傷……等等，所有你想像得到的意外傷害都有。他們被送到貝爾克來，等待時間使他們受傷的四肢復原。我把這些人稱爲「觀光客」。

最後，要把這張圖畫得完整，還必須找一個角落安置我們這種人，我們這種折翼的飛禽、失聲的鸚鵡，把巢穴築在神經科一條死胡同裡的可憐小鳥。當然，我們這種人有礙觀瞻。我很清楚當我們經過別人的面前時，會引發對方輕微的無力感，引發僵硬與寂靜。我們是比較不受歡迎的一群病人。

觀察所有這些景觀最好的地點就是復健中心，各式各樣參加復健的病人都混雜在這裡。這裡眞像是舊時巴黎的聖蹟區（譯註），充滿了聲響與色彩。在撐架、夾板、義肢，和多少有點複雜的復健器材交相碰撞的嘈雜聲中，我們看見了一位帶耳環的年輕男子，騎摩托車重創骨折；還看見一位穿著螢光色運動外套的老祖母，她不久前從高腳凳上摔下來，現在正在學走路；還有一位看似流浪漢的人，到現在都沒有人知道他怎麼會在地下鐵裡壓斷了一條腿。因爲現在這裡比較沒有人照管，所以這群人像洋蔥似的排成一列，手舞足擺地揮動著；而我則被繫在一塊傾斜的板子上，板子一點一點地拉起呈垂直狀。每天早晨，我都要以這種必恭必敬的立正姿勢，被懸吊半小時，好像是莫札特《唐璜》的最後一幕，指揮官的石雕塑像現身。我周圍的人，又笑又鬧又喊又叫，彼此開開玩笑。我眞希望自己也能分享大家的歡樂，但是當我以僅存的一隻眼睛看著大家時，年輕的男子、學走路的老祖母，還有流浪漢，他們都會別過臉，一個個抬起頭看天花板，好像亟需去檢查固定在那裡的火災探測器。這些「觀光客」大概都很怕火。

譯註：

以前巴黎有一個乞丐集中的地區，他們裝成各種殘廢外出乞討，回區後即恢復正常，好像突然因「聖蹟」而治癒一樣，該區因而得名。

# 臘腸

每天垂直懸吊的復健結束以後，推輪椅的人就會從復健中心推我回病房，把我擱在病床邊，等看護工來幫我躺到床上去。每天中午的時候，這位推輪椅的人就會刻意用愉快的口吻，對我說：「祝你好胃口！」那神情就好像他終於可以歇口氣，明天再見了。當然，這句話有些唐突，就好像在八月十五祝賀別人「耶誕快樂！」，也好像大白天裡跟人道晚安！八個月以來，我只吃了幾滴檸檬水和半湯匙的優酪乳，而且這些一入口就唧唧咕咕地在呼吸道裡迷路亂竄。這樣的進食測試（我們故意誇張地把它叫做吃大餐）一直都沒有很好的成效。不過可以放心的是，我不太覺得餓。兩三瓶淡褐色的液狀物質，透過一條斜斜連接到胃部的管子，提供我每天所需的卡路里。

有時候爲了消遣，我會從汲取不盡的感官記憶庫裡，逼眞地喚回我對味覺、嗅覺的記憶。我還運用了其他的技巧來彌補不足。我用細火慢燉對食物的種種回憶。我們隨時可以上桌吃一頓飯，很是輕鬆自在。要是把這兒當作餐廳，不需要事先定位。要是由我來做飯，一定都會賓主盡歡。紅酒牛肉比較油膩，凍汁牛肉帶點透明，杏桃蛋塔有一點點酸，酸得恰到好處。隨興之所至，我爲自己預備了十二隻蝸牛，還有一道酸菜花生配豬肉，而且還準備一瓶用熟透了的白葡萄釀製的金黃色美酒Gewürztraminer，有時候我只想吃一粒蛋黃沒煮透的水煮蛋，配上一塊抹著鹹奶油的麵包片。眞過癮啊！溫熱的蛋黃流進我的口腔和喉嚨，細細、緩緩、暖暖地流進去。不會有不能消化的問題。當然，我的用料都是上選的：最新鮮的蔬菜、剛從水裡撈起來的魚、細嫩含脂的上肉。每一個步驟都要很講究。爲了做得更周全，有朋友把製作傳統特魯瓦小臘腸的食譜寄給我，這種小臘腸要用三種不同的肉做料，再用細繩纏繞起來。同樣，我也非常看重季節的變化。在這個時節，我的味蕾細細品嘗著甜瓜和紅漿果的冰涼滋味。而且我還要把我的慾望封存起來，留待秋天才吃牡蠣和野味，因爲我比較理智了，比較懂得克制食慾。

　　在這一段無法進食的漫長時間裡，剛開始的時候，因爲口慾得不到滿足，時不時就要去拜訪我想像中的食品儲藏櫃。我常常處在饑渴中。但是現在，只要有一根手工製的臘腸，用繩子一直吊在我的耳畔，我就很滿足。譬如，乾乾的、可以切成厚厚一片的、形狀不規則的里昂乾紅腸。切一小片乾紅腸含在舌尖，讓它慢慢化掉，而不要嚼碎，不要一次就品嘗它完全的滋味。這種美妙的享受是很寶貝的經驗，一碰觸到就會開啓我的記憶之匣，讓我想起四十年前的往事。當時我很小，還在吃糖的年紀，但是那時候我就特別喜歡吃豬肉做的食品。我還記得，每次我到哈絲拜大道一間黑漆漆的公寓，去看我外祖父時，都會討著要臘腸吃，而咬字不清的我，總是把臘腸 saucisson 這個字裡的 s、z、ts 念得很稚氣、很討人歡喜。外祖父有一位特別看護，特別留意到了我對臘腸的偏好。這位女看護很有手腕，懂得討好愛吃美食的小孩和老人；她送我臘腸，一石二鳥地在我外祖父去世以前嫁給了他。我收到臘腸這份禮物的快樂，正好和家人排斥這場出人意外的婚姻成正比。我對外祖父的印象模糊，只覺得他和當時五百塊舊法郎鈔票上的維克多·雨果很像，都是面容嚴肅，拉長了臉處在昏暗中。但是我對臘腸的印象卻很深刻，我清楚地記得這些臘腸和我的火柴盒小汽車還有兒童故事書放在一起，顯得很不協調。

我很怕再也吃不到更好吃的臘腸。

# 守護天使

桑德琳的白袍上別著一張識別卡，上面寫著：「語音矯正師」，但是我們應該把它念做：「守護天使」。是她發明了點出一個個字母來溝通的方式，要是沒有這套辦法，我就和世界斷絕了對話的管道。唉，我大部分的朋友都練習了這套方法，可是在醫院這裡，只有桑德琳和一位心理醫師練習過。所以對醫院裡其他的人，我常常只能用最粗淺的示意法，眨眼睛、或是點點頭，請人把門關上，把一直滴水的抽水馬桶弄好，把電視機的聲音關小，或是挪高我枕頭的位置。並不是每一次我都能把意思傳達得很清楚。

幾個星期過去了，我孤寂無助的處境使我學會了以苦行的態度，不發怨言的忍受折磨，而且逐漸了解到醫護人員可以分爲兩大類。大部分的醫護人員從來沒有想到要跨越門檻，試著了解我的求救信號，另一部分的人，心腸比較硬，他們總是悄悄把我忽略過去，假裝沒有看見我傳達的絕望訊息。而那些感覺遲鈍的人，會在我看「法國波爾多對德國慕尼黑足球大賽」，賽到中場正精彩的時候，突然關掉電視，然後賞給我一聲「晚安」，人就走了，再也挽留不住。除了實際生活上的不便之外，這種無法溝通的狀況也使我意志消沈。所以每當桑德琳一天兩次來敲我的門時，我就覺得精神振奮，只要她像松鼠般畏怯的小臉蛋一進門，我所有愁悶煩亂的伏動情緒就一掃而空。一直束縛著我的那隱形潛水鐘，在這時候似乎比較不會壓迫得人喘不過氣來。

矯正發音的課程是一項藝術，值得大家來認識它。你想像不到，用你的舌頭執行機械性的動作，就能發出法文裡所有的字音。目前，L這個音是我遇到的難關，可憐的Elle總編輯，他再也不知道怎麼念他自己主編的刊物名稱。在良辰吉日，也就是在咳嗽間歇的時候，我比較有氣力和氣息發出一兩個音素。我生日那一天，在桑德琳的幫助下，我終於能比較清楚地發出二十六個字母。再也沒有比這個更好的生日禮物了。我聽見了二十六個字母被一種來自久遠年代的粗嘎聲音，拋擲到空蕩蕩的虛空之中。我覺得這個讓人極度疲勞的練習，好像是山頂洞人正在發掘語言。有時候會有人打電話進來，打斷我們的練習。桑德琳會替我和我所愛的人講電話，而我聽著他們的交談，趁機捕捉一些飄舞的人生碎片，就像捕捉蝴蝶一樣。我的女兒西莉絲特告訴我，她騎在木馬上到處闖蕩的冒險故事。再五個月，我們就要爲她慶祝九歲生日了。我爸爸跟我說，他兩隻腳很難使力，無法撐著站起來。他已經勇敢地度過了九十三年的人生。他們兩個人就像是愛的鎖鏈兩端的兩個環節，纏繞著我，保護著我。我常常自問，這種單向的對話，對在電話另一頭的人會是什麼心情呢。對我來說，他們會讓我情緒波動。我多麼希望對這些溫柔的呼喚，不要只是沈默以對。我知道有些人不太適應這樣的電話交流，就像芙羅蘭。要是我沒有先對著貼在我耳邊的電話筒大聲呼吸，溫柔的芙羅蘭不會先開口。「親愛的，你在那裡嗎？」她會在電話線的另一端不安地問。

我應該說，有時候我也不太清楚自己在不在。

# 拍照

最後一次去看我爸爸的時候，我幫他刮了鬍子。那正好是我發病的那個星期。當時他人很不舒服，我到巴黎杜勒利公園附近他的小公寓去陪他過了一夜。早上，我爲他泡了一杯奶茶以後，就幫他刮鬍子。他已經有好幾天沒刮了。那天的景象一直深烙在我的腦海裡。他勾著肩、駝著背，縮在紅色毛氈的扶手椅裡。他一向坐在這張椅子上一字一句地細細讀著報紙。刮過鬍子以後的火辣感，會刺痛他鬆垮的皮膚，可是爸爸忍著痛，不把它當回事。我拿一條大毛巾圍在他瘦伶伶的脖子上，在他臉上抹了一大陀刮鬍泡泡，我盡量不去刺激他佈滿皺紋，而且有多處微血管破裂的皮膚。衰老疲憊使他眼窩深陷，鼻子在消瘦的五官中顯得更加突出，但是他整個人仍然端正自持，頭頂上的白頭髮彷彿華冠，更加襯托出他的威嚴。我們所在的這個房間，有他逐漸累積的人生回憶，這些回憶本來只是薄薄的一層覆在其上，後來老人家漸次在這裡凌亂堆放雜物，而他是唯一了解這其中所有祕密的人。一些舊雜誌，一些再也不會聽了的唱片，一些奇怪的小玩意，還有一些老照片夾放在一個大玻璃框裡。這些老照片各個時期的都有。有一九一四年第一次世界大戰以前，爸爸穿著小小的海軍軍裝，玩著鐵環，有我八歲的女兒騎在木馬上，還有一張我在一座迷你高爾夫球場拍的黑白照片。那時候我十一歲，有一對招風耳，看起來像個蠢蠢的好學生，而實際上，我是個又懶又笨的學生，很惹人厭。

最後，我幫爸爸噴上他最喜歡的香水，剃鬍修面的工作就算完成。然後我跟他說再見。只有這一次見面，他沒有跟我提起他一直寄存在秘書那裡的那封遺囑。這次以後，我們沒有再見過面。我沒辦法離開貝爾克這個「渡假勝地」，而爸爸從九十二歲以後，腿就不聽使喚，下不了樓梯，只能待在公寓裡。我們兩個人都患了「閉鎖症候群」，各以各的方式處在閉鎖狀態，我在我的身體中，而他在他的三樓公寓裡。現在是別人每天早上為我刮鬍子。當看護工用上個星期用過的老舊刀片盡責地銼磨我的臉頰時，我時常想起爸爸。我希望我能更用心地做個剃鬍匠。

有時候，他會打電話給我，他搖顫的手握著聽筒，我聽見他顫抖而溫熱的聲音傳到我耳畔。和一個他明知道什麼話也沒辦法回答的兒子講電話，不是件容易的事。他也把在迷你高爾夫球場拍的那張照片寄給我。剛開始，我不懂這是爲什麼。如果沒有人想到翻到照片背面看看的話，這可能永遠是個祕密。在我個人的影像記憶裡，有幾個已經遺忘了的鏡頭播放了出來，那時候是一個春天的週末，天氣不怎麼晴朗，爸爸媽媽和我到一個刮著風的小鎮去透透氣。爸爸工整的字，只簡單寫著：靠海的貝爾克，一九六三年，四月。

# 另一個巧合

如果我們問大仲馬的讀者，他們最想變成他小說中的哪一個人物，得票最高的大概首推《三劍客》裡的主角阿達涅，或是《基度山恩仇記》裡後來化名為基度山伯爵的愛德蒙・鄧蒂斯，而沒有人會想成爲《基度山恩仇記》裡處境最是悲慘的人物，諾爾帝亞・德・維爾福。在大仲馬筆下，他就像一具屍體，一腳已經踩在棺材裡，卻有一雙炯炯的目光。人們對這樣一位嚴重癱瘓的病人，只有害怕，不會存有任何幻想。他心裡藏著可怕的祕密，但卻是個動彈不得的啞巴，虛弱的一生都在一把有輪子的椅子上度過，他只能以眨眼睛來和別人溝通：眼睛眨一下，代表「是」，眨兩下，代表「不是」。事實上，諾爾帝亞好爺爺（他的小孫女都是這麼親熱地叫他）是第一位患有閉鎖症候群的人，而且到目前爲止，是唯一出現在文學作品中的。

當我的意識逐漸清明，擺脫了發病後一直沈陷在其中的昏沈迷蒙，我就常常想起諾爾帝亞好爺爺。我剛剛才把這本小說重讀了一遍，沒想到現在自己就成了故事裡這個處境最堪憐的角色。我重讀這本書並非出於偶然。我曾經計畫寫一個現代版的《基度山恩仇記》（當然一定是東施效顰）：故事裡的主人翁施展一連串詭計的主要動機還是爲了復仇，只不過我想把故事的背景改在現在這個時代，而且我想把基度山伯爵改成女的。

然而我一直都沒有時間去褻瀆大師的作品。如果要懲罰我的不敬，我願意以化身爲鄧格拉斯男爵、弗蘭茲·埃比那，或是法利亞長老做爲處罰，或者乾脆，被罰抄寫一萬遍小說內容。我們是不應該篡改大師作品的。但是，文學的神祇和神經病理學的神祇似乎都決定以其他的方式來懲治我。

有幾個晚上，我覺得白髮長長的諾爾帝亞好爺爺，坐著一世紀以前那張需要上油的老輪椅，在我們醫院走道裡來回巡視。爲了扭轉我被判定的命運，我現在在腦子裡計畫改寫另一部長篇傳奇小說，在這部著作裡，最主要的見證人是賽跑選手，而不是個癱瘓。誰知道呢，說不定這眞的行得通，能扭轉我的命運。

# 夢境

一般而言，我不記得自己做過的夢。白日一到，夢中的情境就遺落，影像也變得朦朦朧朧。但爲什麼去年十二月的夢，卻淸晰如雷射光束一般，深深烙印在我的記憶中？也許人在昏迷中都會有這種不循常理的現象。因爲病人既然回不到現實生活，夢就不再是一種容易消散的娛樂，而會一層層堆積起來，形成一長串的虛幻夢境，彷彿是從長篇連載小說裡抽繹出來的。今天晚上，小說中的一個章節浮現在我的腦海。

在我的夢裡，雪花大片大片地飄下來。我和我最好的朋友貝爾納發著抖，走過一座汽車墳場，遍地都覆蓋著三十公分厚的雪。這三天，貝爾納和我一直想辦法要回法國，因爲法國這時候有一場大罷工，全國都陷在癱瘓中。我們本來暫留在義大利的冬季運動營裡，但是貝爾納發現有一條彎彎曲曲的小鐵道可以通往尼斯，不過在邊界有一群罷工的人阻斷我們的路程，強迫我們下車，害我們只穿著普通的鞋子，和春秋兩季的薄衫在嚴寒中打哆嗦。眼看四下，發現這裡好荒涼。有一座高架橋從汽車墳場上空經過，據說，墳場的車子都是從五十公尺高的這條道路上掉下去，一輛輛堆積在這裡。我們和一位很有權勢的義大利商人有約，他把他的集團總部設在這座橋的橋墩下，遠遠避開一些窺探的眼睛。我們看見一扇黃色的鐵門，門上掛著一個牌子，寫：「觸電者死」，還貼著一張萬一觸電時該如何處理的示意圖。我們敲門，門開了。大門入口處看起來好像成衣工廠的存貨間：有好多上衣掛在架上、有好幾疊褲子、好幾箱衣服，東西直堆到了天花板。我看到了一個人身穿軍用夾克，手裡握著一把衝鋒槍，在一旁迎接我們；他那一頭蓬亂的頭髮，我覺得好像是看守地獄之門的那隻三頭犬「賽伯拉斯」。他就是波斯尼亞的領導人，拉多范・卡哈迪茲克。「我的同志呼吸有困難。」貝爾納對他說。卡哈迪茲克就在桌子的一角爲我做氣管切開術，然後我們經由一條豪華的玻璃樓梯走到地下室。地下室的牆上掛著猛獸的毛皮，旁邊擺著一張椅座很深的沙發椅，一股柔和的光線把這房間襯得有點像是夜總會。貝爾納忙著和這地方的負責人討論事情，這位負責人就是飛雅特的老闆吉安尼・安捷利的分身。有一位說話帶著黎巴嫩腔的女佣人過來請我到小吧台旁邊坐。吧台上的杯子、瓶子都用塑膠管子代替，這些塑膠管子從天花板上垂吊下來，就好像飛機遇難時會有氧氣罩一樣。酒保示意，要我拿個塑膠杯子湊近嘴巴。我照做了。一種喝起來有薑汁味道的琥珀色液體流進了我口裡，接著有一股暖暖的熱流漫及我的腳尖和髮稍。隔了一會兒，我想停，不想喝了，而且想從高腳凳上下來。然而我還是大口大口地灌，一點也由不得我。我慌亂地向酒保使了個眼色，希望能引起他的注意。他只是神祕地對我微微一笑。在我四周，所有的臉孔和聲音都變形。貝爾納對我說了一些話，但是從他嘴裡發出來的聲音都慢半拍，我根本聽不懂。我坐在高腳凳上，聽見拉威爾的《波麗路》。他們完全把我灌醉了。

經過了像永恆那麼長的時間以後，我看見大家慌亂成一團，準備要戰鬥。講話有黎巴嫩腔的那位女佣人把我揹在她背後，爬上樓梯。「我們要離開了，警察來了。」外面天色已暗，雪已經止息。刺骨的寒風讓我呼吸困難。有人在高架橋上設置了一座探照燈，光束在汽車屍體之間來回搜索。

「投降吧，你們被包圍了！」擴音器喊著。我們成功地逃走，但對我來說，這是長期流浪的開始。在我的夢裡，我多麼想逃走，但只要我一有機會逃，就會突然覺得昏沈，一步也動不了。我像石像、像木乃伊、像玻璃。我和自由之間如果只是隔著一扇門，我連打開這扇門的力氣都沒有。然而，這不是我唯一擔心的。這個祕密組織拿我當人質，我擔心我其他的朋友也會掉進同樣的陷阱。我試著用各種方法來警告他們，但是我的夢和現實的狀況完全一致。我連一句話也說不出來。

# 旁白

我知道有些叫醒人的方式比較溫柔。一月底的一個早晨，我突然意識到有一個人彎腰俯在我上面，用針線把我的右眼皮縫起來，好像縫襪子一樣。我沒來由地覺得恐懼。要是這個人一衝動，也把我的左眼皮縫起來，那我和外界唯一的聯繫，我黑牢裡的透氣窗、潛水鐘的潛望鏡也都要被縫死了？還好，我不需要淪落到這樣的暗夜中。他小心翼翼地把他的小工具放在鋪著棉花的鐵盒子裡，然後用檢察官訴請懲處累犯的口吻，簡單撂下一句：「六個月。」我用我還完好的那一隻眼睛，以各種眼神傳達我的疑問，但是這位先生，他常要花一整天的時間仔細診察別人的眼瞳，竟然不懂眼神裡的話語。他就是那種「我管你的」醫生的典型，高傲、粗暴、目空一切，他要病人八點到，自己卻九點才姍姍來遲，九點五分又急著要走，每個病人只分配到他寶貴的四十五秒鐘。他的外型有點像淘氣阿丹，圓圓大大的頭，頂在矮矮的身軀上，整個人毛毛躁躁的。他對大部分的病人本來就不會多浪費口舌，對像我這種鬼影子似的病人，就更加不會白花力氣向我解釋病情。後來我終於還是知道，爲什麼他會把我的眼皮縫起來六個月：因爲眼皮已經無法保護眼球，失去了活動簾子的功能，而且如果不縫起來，還可能引發眼角膜潰爛。

過了幾個星期以後，我心裡想，醫院是不是故意用這種討厭的人，使長期臥床的病患對醫院產生戒心。某方面來說，他是個代罪羔羊。要是他離開了貝爾克（這似乎是很可能的），我還能夠嘲笑誰呢？他在這裡，當他問我：「你有沒有看到雙重影像？」時，我還能自得其樂地在心裡默默回答：「是的，我看到兩個笨蛋，而不是一個。」

和需要呼吸一樣，我也一樣有感受，需要愛、需要讚賞。朋友的一封信、巴爾蒂斯印在明信片上的畫、聖・西蒙的一頁文字，都給予流逝的時光一點意義。但是，爲了保持自己敏銳的心思，也爲了避免陷在絕望裡失去鬥志，我維持著一定比例的怒氣，不會太多，也不會太少，就像壓力鍋，有安全閥的調節才不會爆炸。

吶，「壓力鍋」，這可以當一齣戲的劇名，也許有一天我可以寫我自己的經歷。我還想到了這齣戲也可以叫做「獨眼」，當然，「潛水鐘」也很好。你們都已經知道故事的情節和發生的背景了。正值壯年的L先生，本來是一家之長，現在他躺在醫院病房裡，學習如何在「閉鎖症候群」中生活，面對這個嚴重心血管病變的後遺症。劇本裡敍述L先生在醫療體系裡的遭遇，以及他和太太、孩子、朋友，以及事業上的合夥人之間關係的嬗變，他本來在一家知名的廣告公司上班，而且是公司的創辦人之一，有企圖心，有點憤世嫉俗，他的人生到目前爲止，沒有遭遇過什麼大挫折。現在L先生才開始學習面對困境，眼睜睜地看著所有支撐他的確定性倒塌下來，並且發現親近的人原來都是陌生人。大家可以找個好位置，仔細觀賞這整個推展緩慢的過程，代表L先生內心獨白的旁白，會一邊述說情境。就只差動手把劇本寫出來了。我已經想好了最後一個景。舞台上一片漆黑，只有一束光打在舞台中央的床鋪上。景是夜景。所有的人都睡了。布幕升起以後，虛弱遲緩的L先生，突然推開被子，跳下床，在舞台上如虛似幻的光線中，繞著圈圈走。然後，黑暗又罩下來，觀衆聽到L先生最後一句內心獨白：「他媽的，是一場夢。」

# 幸運日

早晨，天剛亮的時候，厄運就猛烈地襲擊一一九號病房。提醒我進食時間到了的鬧鈴裝置，半小時以前就在空落落的病房裡嘎嘎作響。我想再也沒有比這個更愚蠢、更讓人神經緊張的裝置了，嘎嘎嘎一陣陣像扎針似的聲音響個不停，嚙食著我的腦門。還有，汗水沾溼膠帶，失去了黏性，貼不住我的右眼皮，膠帶卻還貼在睫毛上，使我的眼睛癢得受不了。最後，還發生了一件事，把所有這些遭遇推向高潮：導尿管鬆脫了。我身上都被弄溼。在等人來幫我清理的時候，我輕輕哼著亨利・沙爾瓦多的一首老掉牙的歌曲：「來吧，寶貝，這一切都不嚴重。」終於，護士來了。她一來就機械性地打開電視。正在播廣告。Minitel電傳視訊系統的服務，「3617 Milliard」請觀衆回答這個問題：「你是天生贏家嗎？」

# 蛇徑

有人開玩笑問我，有沒有想過去聖母瑪利亞顯靈的盧爾德（Loudres）朝聖？我回答，我去過了。那時是七〇年代末期。我和約瑟芬（Joséphine）試圖好好兒地一起旅行，但這樣的努力還是使我們的關係複雜而緊張，計畫每天的行程都會成爲我們吵架的導火線，隨時要爆發。有時候是爲了早上啓程，還不知道晚上睡哪裡，也不知道走哪條路、到哪一個陌生的地方去，必須要彼此非常能協調才會有結論，要不然兩個人就得硬著性子鬥氣鬥到底。約瑟芬和我一樣，都是屬於後者。一個禮拜下來，在她那部淺藍色的舊敞篷車裡，沿路不斷搬演一對男女吵架的戲。我們才剛剛從阿克雷騰健行到巴斯克海岸旁的一處小沙灘「愛之屋」去，約瑟芬的舅舅在那裡有一棟別墅。這對一個宣稱除了運動以外，能爲任何事情犧牲奉獻的人來說，走這一程實在很折騰。我們橫越庇里牛斯山，歷經了狂風暴雨，看不盡壯觀的景色，在我們的後面沿路留下「我才沒有說過這種話」的爭吵痕跡。

我們兩個人爭吵的主要原因，是爲了一本六、七百頁厚的書，書的封面是紅、黑兩色，書名很醒目、很吸引人。《蛇徑》（*La trace du serpent*）的內容是主角人物查理·索布哈傑的所作所爲，他類似某種四處浪游的印度教宗師，在孟買和加德滿都用巫術害人，攔路搶劫西方旅客。狡詐的索布哈傑有一半法國、一半印度的血統，他的故事是確有其事。除了這些以外，我實在不知道要怎麼陳述這本書的細節，要我大概說一下故事的內容也可能會說錯，但是我很清楚地記得，查理·索布哈傑的巫法也完全左右了我。離開安道爾的時候，我還會稍微把眼睛從書本挪開，讚美幾聲風景美麗，但是到了法國南部山巔的時候，我斷然拒絕下車，不願散步到觀景點去。那天的天氣也實在非常陰霾，灰黃色的濃霧罩住了整座山，能見度很差，也降低了遊覽的興致。然而，約瑟芬丟下我不管，賭氣穿向雲霧間，兩個小時不見蹤跡。後來她堅持到盧爾德去，就是爲了要幫我解除魔法吧？我想，既然我從來沒去過那個世界知名的聖母顯靈的地方，和她去看看又何妨，所以我就沒有異議，答應了。總之，我的腦袋被這本書弄得發暈，早把查理·布索哈傑和貝娜黛·蘇畢胡（譯註）混淆在一起，也把這附近的阿杜爾河河水和恆河的水匯流為一。

第二天，我們經過了環法自行車賽比賽路段的一處山口，即使是開車走這一段爬升的道路，也讓人精疲力竭。越過山口以後，我們總算在熱得快窒息的天候下抵達盧爾德。約瑟芬開車，我坐在她的旁邊。被翻得書頁折角、書冊蓬鬆的《蛇徑》端端放在車子的後座。從這天早上起，我就不敢去碰那本書，約瑟芬認定我對這本異國傳奇小說這麼熱情，正表示我對她漠不關心。對朝聖者來說，現在正是旺季，城裡到處塞滿了人。儘管我很有條理地搜遍全城的旅館，一家家詢問還能不能訂到房間，可是所得到的回答卻都是對我聳聳肩，要不就是對我說「對不起，我們真的很抱歉」，態度依旅館的等級而定。汗水把襯衫黏在我身上，更糟糕的是，又來了一個壞巫婆盤旋在我和約瑟芬之間，我們又有得吵了。幸好這時候有一間英國旅館、西班牙旅館、巴爾幹旅館，或是其他天曉得什麼地方的旅館，旅館櫃台的人告訴我，有客人取消訂房，他宣告的口吻就好像是公證人官腔官調地對遺產繼承人說，有一位美國叔叔突然死亡。沒錯，旅館有一間空房間。我克制自己不要說：「這真是神蹟。」因為我的直覺告訴我，在盧爾德這地方是不會有人開這種玩笑的。電梯實在有夠大，可以容納好幾張大推床，十分鐘後，我在洗澡時也發現，浴室裡也有方便殘障者的設備。

約瑟芬接在我後面進浴室洗澡，我洗好了出來，只用大毛巾裹著身體，癱坐在迷你吧台前——這是所有饑渴的人都渴慕的神聖綠洲。我先一口氣灌了半瓶礦泉水。哦，瓶子，我一直都感覺得到你玻璃製的細頸扣在我乾燥的嘴唇上。然後，我爲約瑟芬準備了一杯香檳，也給自己倒了一杯琴東尼。當完了酒保以後，我又躡手躡腳地翻開書口摺角的地方，進入查理・索布哈傑的冒險世界。但是香檳酒沒有發揮它預期的效力，使約瑟芬安靜下來，反而激起她想去觀光的旺盛精力。「我要去看聖母瑪利亞。」她跳著腳不斷的說，就像天主教作家莫理亞克在一張著名照片裡的樣子。

於是我們就在風雨欲來的陰沈天色下，出發到聖母顯靈的地點去，沿路我們看到長長一列的輪椅，有許多女義工在後面推著走，顯然這些義工不是第一次服務這些痲痺患者。「要是下雨，大家就進教堂！」只見一位帶頭的修女手裡拿著念珠，修女帽在風中飄，這麼高聲喊著。我偷偷觀察這些病患，這些蜷縮的手，這些緊緊皺著的臉，這些身上馱著重負的生命。其中有一個人和我四目交會，我微微對他一笑，但他的回應卻是對我吐舌頭，我覺得自己蠢透了，臉紅到耳根，就好像做了壞事被逮到。穿著粉紅色球鞋、粉紅色牛仔褲、粉紅色T恤的約瑟芬一直往前走，很想到那群黑壓壓的人中間去。人群裡有一位穿著神父袍子的法國神父，他好像和所有的人都有約。當穿著長袍的聖詠班唱起「聖母瑪利亞，我們跪在你面前祈求」的時候，約瑟芬恍恍惚惚的差點出了神，因爲這是她小時候常唱的聖詠。如果要做個比喻的話，我在這種氣氛下的態度，大概就像是個不怎麼關心足球賽的路人，在歐洲杯足球賽開賽的當天晚上，不經意經過巴黎體育館附近。

在地下教堂入口處前面的廣場上，蜿蜿蜒蜒拉著一排一公里長的隊伍，隊伍裡每個人都齊聲念禱著囉哩巴嗦的聖母經。我從來沒見過這麼長的等待隊伍，也許只在莫斯科的列寧墓前才有這樣的景觀。

「聽著，我可不要排這麼長的隊！」

「眞可惜，」約瑟芬反駁說：「對你這種罪人來說，朝聖有很多好處。」

「才怪，對我們這種沒有信仰的人來說，搞不好會有危險呢。你想想看，一個健健康康的人要是眞碰上了聖母顯靈會怎樣，哇，遇上奇蹟，然後就變成癱瘓了。」

十幾個人轉過頭來看是誰說這麼褻瀆的話。「沒藥救！」約瑟芬氣呼呼的。突然下起一陣大雨，轉移了注意力。剛開始滴雨的時候，雨傘就如花似的紛紛盛開，悶熱的塵土氣味飄盪在空氣中。

我們被人群推擠著，擠到教皇約翰二十三世的地下教堂裡，這個宏偉的禱告會殿是用來作彌撒的，彌撒從早上六點持續到午夜時分，由二或三班的神職人員輪替。旅遊導覽裡提到，這座混凝土的教堂比羅馬聖保羅大教堂還要寬敞，裡面可容納好幾架巨無霸噴射客機。一排排的座椅還有許多空位，我跟在約瑟芬的後面進去坐了，無數個揚聲器傳出莊嚴的聖詠，迴盪在四周：「榮耀天主，在諸天之上……在諸天之上……諸天之上……」神父揚舉聖體的時候，我鄰座的那位朝聖者，從背袋裡掏出一副看賽馬用的雙筒望遠鏡，好看清楚儀式的進行。其他的信徒也都有望遠鏡應急，望遠鏡的樣式簡單，就和七月十四日看國慶遊行時用的那種一樣。約瑟芬的爸爸曾經跟我說過，他初入社會時，曾經在地下鐵的出口賣這一類的東西。他後來還是成了廣播界的名嘴。他發揮小販招徠顧客的所長，大加描述皇家婚禮、大地震，和拳擊賽。外面，雨停了。空氣變得清爽。約瑟芬說了一個字：「shopping」。爲了防範這種事情的發生，我早就選定了一條大馬路，那裡有很多賣紀念品的商店，可以去摸摸碰碰，就好像東方的阿拉伯市場，有各種奇奇怪怪和宗教有關的東西。

約瑟芬收集很多東西：古老的香水瓶、畫著一隻牛或是一群牛的鄉野畫作、東京的日本餐廳櫥窗裡擺設的食物餐盤樣品，總之每次她去旅行，就會搜尋一些稀奇古怪的笨玩意。對這條商店街，她簡直是一見鍾情。在左側走道的第四間商店，凌亂堆了一堆聖牌、咕咕鐘，以及各種盛乳酪的盤子，這其中有件東西正等著約瑟芬自己送上門來。那是一件半身塑像，頭上有一閃一閃的光環，就像裝飾聖誕樹的閃燈。

「看哪，我的聖母瑪利亞！」約瑟芬雀躍不已。

「我買送給你。」我立刻接口，根本沒想到老闆會向我敲詐，藉口說這是唯一的一件。這天晚上，我們在旅館房間慶祝得到這件寶貝。它閃爍的燈光、聖潔的亮光照耀著我們，天花板上映著我們嘻嘻鬧鬧的奇幻影像。

「嗯，約瑟芬，我覺得我們回巴黎以後最好分手。」

「你以為我沒有這樣的打算嗎！」

「可是，約……」

她睡著了。當事情不如她意的時候，她有個長處，就是能很快地安穩入眠。她能睡個五分鐘，或是一睡就好幾個小時，避開煩人的狀況。我注視著床頭上面的牆好一會兒，看著它忽明忽暗。什麼樣的神靈會使人用橘子色的織品來佈置整間房間呢？

約瑟芬睡覺的時候，我小心翼翼地穿上衣服，想到外面走走。在夜裡遊蕩，是我最喜歡的活動。我遇事不順時的化解方法，就是一直走，走到累了為止。有一些荷蘭的年輕人當街喧噪，他們手持大啤酒杯，大口大口的灌。他們在大塑膠袋上挖洞，作成簡便的雨衣。粗重的柵欄攔住了通往地下教堂的入口，但還是可以看得到教堂裡好幾百根蠟燭的光影，漸漸燭盡光殘。過了好一會兒，我遊蕩的步伐又來到賣紀念品的那條商店街。左側第四家店，又在同樣的位置上擺了個一模一樣的聖母瑪利亞。於是我走回旅館。遠遠的，我就看見我們房間在一片昏暗中閃爍著。我輕聲地走上樓梯，小心不擾人美夢。《蛇徑》放在我的枕頭邊，好像珠寶放在珠寶盒裡。「哪，查理．索布哈傑，我完全忘記你了！」我喃喃地說。

我認出了約瑟芬的筆跡。一個大大的「J」畫在第一百六十八頁上。這是約瑟芬留言的第一個字母，整段留言畫滿了小說的兩章，使書的內容完全沒辦法讀。

我愛你，笨蛋。不要讓你的小約瑟芬痛苦。

幸好，這兩章我都已經看過了。

我關掉聖母瑪利亞閃爍的燈光，天色剛破曉。

譯註：

貝娜特・蘇畢胡（Bernadette Soubirous）：一八五八年時，十四歲的貝娜特於盧爾德附近多次見到聖母瑪莉亞的影像。此後此地就以聖母顯靈聞名於世。

# 窗簾

我蜷縮在輪椅上，由孩子的媽推著，沿醫院的走道前行，我趁這個時候偷偷觀察我的兩個孩子。如果說，我這個爸爸變得有點像幽魂，那麼對照之下，提奧菲和西莉絲特，他們卻是如此的眞實，活蹦亂跳，嘰哩呱啦的叫，我看著他們怎麼也看不厭，只要看他們走路，我就覺得滿足，我注意到他們陪我已經累得小肩膀下垂，卻還以堅定的表情掩飾著。提奧菲拿著紙巾，邊走邊擦從我緊閉的嘴巴滲出來的口水。他的動作有點畏怯，帶一點溫柔，又帶著一點懼怕，就好像他面對的是一隻不知道會怎麼反應的動物。我們一放慢腳步，西莉絲特就過來把我的頭抱在她的臂彎裡，在我的額頭上滋滋親著，不斷的說：「這是我爹地，這是我爹地。」好像念咒似的。

今天大家在慶祝父親節。我發病以前，我們都覺得不需要在我們感情的日曆裡注記這個牽強的約會，但是今天我們共度了這象徵性的節日。無疑的，這是爲了證明，一個像粗胚一樣、像陰影一樣、被截成一小截的爹地，也還是一個爹地。我一方面很高興能看到他們活潑、好動、嘻嘻笑笑，或者哭哭啼啼地玩鬧好幾個小時，一方面又怕讓他們來看我這樣不堪的處境，對十歲的小男孩和八歲的小女孩來說，實在不是一個恰當的消遣，雖然我們在家裡早就說好了，要面對事實，不粉飾太平。

我們在「海灘俱樂部」安頓下來。「海灘俱樂部」是我對這裡一片沙丘的稱呼，在這片開敞的沙丘上有陽光、有清風，管理處的人還費心設置了桌子、椅子、太陽傘，甚至還撒了一些毛莨的種子，在長滿雜草的沙丘裡生長。介於醫院與眞實的人生之間，還好海灘有這個紓解壓力的處所，我們可以在這裡幻想，好心的仙女會把所有的輪椅變風帆。「你要不要來個吊死鬼？」（譯註）提奧菲問，我說我很願意；要不是我眨眼睛的溝通方式，使我沒有辦法幽默地回答，嘲笑一下自己，我眞想說我當癱瘓就很夠了。當一句話要花好幾分鐘的時間才拼得出來，原本的風趣俏皮就會變得遲緩笨重，變得平淡無趣。好不容易拼好了一個句子，到頭來卻連自己也忘了剛剛的趣味在哪裡，不懂自己幹嘛要那麼辛苦地一個個字母把話拼出來。所以使用這一套溝通方式的規則是，不要不識相地自以爲風趣。但沒有了機智應答，對話就再也沒有閃閃發亮的銀色浪花，人們拋出去的字句就好像回力球撞在牆上，硬邦邦的。而且我認爲，這樣被剝奪了幽默感，有礙我的健康。

總之，我們開始玩吊死鬼，這是全法國七年級的小朋友都在玩的遊戲。我猜中了一個字母，又猜中另一個，接著又墊上第三個字母。其實，我有點心不在焉。突然一股恐懼向我漫泛而來。提奧菲，我的兒子，乖乖坐在那裡，他的臉離我的臉只有五十公分，而我，他的爸爸，連最簡單的動作都做不到，不能用手摸摸他濃密的頭髮，捏捏他脖子後面柔軟的細毛，緊緊抱著他滑膩、溫熱的小身軀。要怎麼表達這些感受呢？我的處境就是這麼畸形殘酷、這麼沒有天理公道、這麼骯髒卑瑣、這麼淒慘恐怖嗎？突然，我精疲力竭。淚，潸然而下，我的喉嚨一陣痙攣，粗聲咳嗽，讓提奧菲嚇了一跳。別怕，我的好孩子，我愛你。還專注在吊死鬼遊戲中的他，完成了他的部分。還有兩個字母，他贏了，我輸了。在紙頁的一角，他畫好了絞刑台、吊繩，和要被吊死的人。

西莉絲特在沙灘上翻筋斗。我不知道這是不是出於一種補償心理，但自從我像舉重選手似的做抬眼皮的動作，她就變成了特技演員。她練習旋轉跳躍、下腰、連滾翻，而且像貓一樣從危險的高度輕巧的跳下來。她爲自己未來的生涯，列了一串長長的名單，其中甚至包括走鋼絲的特技演員這一項，就列在學校老師、頂尖模特兒，和園藝家的後面。她在海灘上表演單腳旋轉，贏得了「海灘俱樂部」圍觀民衆的喝采，接著我們這位表演新秀又推出歌唱節目。而相對的，一向討厭自己做的事會引起人家注意的哥哥提奧菲，卻顯得很沮喪。他的保守、害羞正好和他妹妹的愛現成對比。有一次我到他們學校，主動請求校方讓我敲響開學的鐘聲，校方也讓我這麼做了，但這件事情卻讓他對我深惡痛絕。沒有人敢講提奧菲會不會活得快樂，但他以後大概還是低調行事。

我想不透，西莉絲特怎麼會這麼多六〇年代的老歌。強尼・哈力戴（Johnny Hallyday）、希維・瓦頓（Sylvie Vartan）、薛拉（Sheila）、克羅-克羅（Clo-Clo）、法蘭絲娃・阿爾蒂（François Hardy），那個黃金年代的每位歌手她都沒有漏掉。除了這些大家耳熟能詳的流行歌曲，這些三十年來一直都在我們耳際迴響的系列經典以外，西莉絲特也會唱幾首曾經轟動一時、後來卻被遺忘了的歌曲，這些歌曲就像飛機在記憶的雲端拖著一條白白的尾巴。我十二歲那年，常常一而再、再而三的在老唱機上播放克勞德・法蘭沙（Claude François）四十五轉的唱片，但是從那以後我就沒有再聽過〈我可憐的小富家女〉這首歌。然而，一聽到西莉絲特走音哼著這首老掉牙的曲子開頭幾小節，我沒想到我竟然還淸淸楚楚記得每個音符、每個樂句、每個合音，以及編曲伴奏的細節，一直到浪花拍岸的聲音蓋過了曲聲。我又看見了唱片封套、歌手的照片，他條紋的襯衫、活動的領子，穿這樣的衣服那時候對我來說是遙不可及的夢想，因爲我媽媽覺得那樣穿很阿飛。我甚至還看到了我買這張唱片的那個禮拜四下午，唱片是向爸爸的一位表親買，他長得高大溫和，在巴黎北車站的地下層開了一家小小的店舖，嘴角永遠叼著黃色的茨岡牌香菸。「孤孤單單一個人在海灘上，可憐的小富家女……」時間過去了，人一一不見了。媽媽是第一個去世的，然後是克羅-克羅觸電而亡，然後是高大溫和的表親，他的店鋪經營不善，死了以後只留下一大家子傷心的小孩和動物。現在我的衣櫥裡裝滿了活動領子的襯衫，我想那家小唱片行現在已經換成一家賣巧克力的。開往貝爾克的火車是從北車站發車的，我想，也許有一天請人經過那裡時，去看看那個地方。

「太棒了，西莉絲特！」希爾薇大聲讚賞。「媽，我受不了了！」提奧菲立刻抱怨。五點了。平常聽起來覺得親切悅耳的鐘聲，現在聽在我耳裡卻有如喪鐘，宣告著分離的時刻到來。風吹得塵土飛揚。潮水已經退到很遠的地方，游泳的人看起來只是天際的一個個小黑點。兩個孩子在上路之前，在沙灘上讓麻木的四肢恢復正常。希爾薇和我，安安靜靜的，她的手握著我痲痺的指頭。她的黑眼鏡映照著純淨的天色，在眼鏡後面，她淚眼低垂，爲了我們被炸開成傷的人生。

我們又回到病房，做臨別前最後一次的感情交會。「老爸，你都還好吧？」提奧菲關心地問。這位老爸喉嚨緊緊哽著，雙手起了曬斑，尾椎骨因爲輪椅坐太久而痠痛，但他還是過了非常美好的一天。你們呢，孩子，到我荒漠無邊的孤獨中來遊歷，會在你們心裡留下什麼印記呢？大家都走了。車子往巴黎飛馳。西莉絲特帶來的那張畫，立刻被貼在牆上，我端詳著那張畫，陷入沈思。那畫的是一隻雙頭魚，有藍色的睫毛、彩色的鱗片。不過，這張畫有趣的地方不在這些細節，而是在它的外形輪廓呈∞狀，是數學中代表「無限」的符號，惶惶的令人不安。

陽光大把大把的從窗外射進來。這時候的太陽正好會照到我的床頭。臨別時的感傷氣氛，讓我忘了請他們把窗簾拉上。沒關係，在世界末日來臨之前，總會有個護士來的。

譯註：

「吊死鬼」是法國小孩常玩的一種猜單字的遊戲，每猜錯一次，就在旁邊紙頁上畫一筆，錯誤疊積多次以後，這一筆一筆的會連成吊架、吊繩、吊死鬼的圖案。

# 巴黎

我離開了。很慢但是很明確。就像水手出海以後，回頭看他揚帆而去的地方逐漸朦朧，我也感覺到我的過往逐漸褪去。我過往的人生在我身上還有餘火燃燒，但是已經逐漸化爲回憶的灰燼。

自從在潛水鐘裡蝸居以後，我還是去了兩趟巴黎，爲了求醫短暫停留幾天，聽取醫學界頂尖專家的會診意見。第一次，救護車恰巧經過我以前上班的那棟現代化大樓（我就是在那棟大樓裡「犯下」著名女性雜誌總編輯的「罪行」），看到熟悉的景象，我的情緒很激動。我是先認出隔壁那棟六十年代的老建築物——那棟建築的牆上有一塊牌子標示著要拆毀——然後我才認出我們大樓的鋁帷幕牆，牆上映照著飛機和雲朵。在大樓前廣場，有幾張熟悉的面孔，是我在那裡上班十年來每天會見到的、卻從來沒跟他們說過一句話的人。我轉動我的頭，想看看在那位梳著髮髻的太太後面，和那位穿著灰色襯衫的壯漢後面，會不會有一張我更熟悉的臉孔經過。然而事與願違。也許會有人從五樓的辦公室看到我搭的車子經過吧？看到了附近兼賣香菸的小餐館，我忍不住流下眼淚，那是我偶爾會去吃每日特餐的店家。我眼淚偷偷地流，沒有人知道。別人只會以爲我的眼睛滲出眼液。

第二次到巴黎，是四個月以後，我幾乎變得冷淡。街道粧點成七月的燦爛光景，但是對我來說，冬天一直都在，街道成了電影拍攝的背景，我被投影在救護車的後玻璃窗上。在電影裡這叫做「溶」：主角坐的車子逐漸從馬路上淡出，馬路不斷的在攝影棚的牆上捲動。希區考克有很多電影都借用了這種尙未成熟的拍攝技巧，別有一種詩意的效果。我穿越巴黎而行，巴黎根本不在乎我。然而，一切都如原樣。穿花布衫的清潔婦，穿輪鞋的青少年。公共汽車呼嘯而過的聲音。騎速克達的騎士說著髒話。歌劇院廣場前推出了達菲的畫。樹木搶攻大樓的樓面，藍天上有一點雲絮。一切都如原樣，除了我。我在他方。

# 植物人

「到六月八日，我新的人生就滿半年了。你們的信積在櫃子裡，你們的畫貼在牆上，因爲我無法一一回信，所以我就想把我每天的生活、我的進展，以及我的希望寫下來，在衆人之間公開。剛開始的時候，我一心認爲不會有事的。從深度昏迷，回復到意識模糊的那段時間，我以爲很快就能回到巴黎的紅塵中，頂多就是兩脅撐著拐杖。」

春末，我決定要發信給我的朋友，以及和我有往來的人，以上就是我從貝爾克寄出去第一封信的頭一段。這封信寄給了六十個人，掀起了一些騷動，多少也修補了謠言的中傷。大都市，是隻有一百張嘴、一千隻耳朵的怪物，一無所知，卻無所不說，它早就決定要給我一點顏色瞧瞧。小花咖啡廳，是故作風雅人士的大本營，每個人在那裡好像遊走的鴿子一樣咕嚕嚕的說長道短，我有幾個親近的朋友就曾經在那裡聽到風言風語，那些對話就好像貪婪的禿鷲盤繞著一隻開膛剖腹的羚羊。「你知道B先生變成植物人了嗎?」其中一個人說。「嗯,我也聽說了。植物人,是啊,變成了植物人。」「植物人」這個字彙在這些預言者的口腔裡大概逐漸嚼得出甜味了,因爲它在這兩張塞滿威爾斯乳酪麵包的嘴巴裡已經出現好幾次。他們講話的聲調明明白白地暗示著,只有呆瓜才會不知道我已經被劃歸蔬菜類,從此和人類不再是同一夥。現在是太平時期。不能槍殺散播錯誤消息的人。我只能靠我自己來證明,我的智力要比這些另一種形式的蔬菜來得高。

所以,這就是我想要對大家公開書信往來的原因,一個月又一個月的信件去去回回,使我和我所愛的人有聯繫。我驕傲的自尊心稍稍可以端得起來。除了幾位頑固人士還執拗地沈默著以外,所有的人都知道可以和我在潛水鐘裡相會,雖然有時候我的潛水鐘會把我帶到不爲人所了解的荒界去。

我收到很多很多的來信。拆信、攤開信紙、一一把信陳示在我眼前,隨著時間的推移,這逐漸形成一種典禮,使得信件的紛至沓來成爲莊嚴、靜默的儀式。每一封信我都自己仔仔細細地讀。有些信筆調深沈。信裡,有提到人生意義的,提到靈魂高潔、每個生命無不充滿奧祕。而且,有一項很有意思的轉變:反而是一些和我交情不深的人，喜歡探討生命本質的問題。他們略顯輕浮的外表掩飾了深沈的一面。我以前是瞎了、聾了，或者是一定要在悲慘事件的光照下，才能以正確的角度顯出一個人的光輝？

有些信述說著生活裡簡單的小事，標示了時間的流逝。諸如在晨曦中採擷玫瑰、下雨的禮拜天慵懶度日、小孩在臨睡前哭了。攫住這些活生生的景象、人生片段的取樣，這種幸福比什麼都讓我感動。不管來信是三行或是八頁，也不管它從遠方日出之地寄來的，或是從巴黎市郊的小城鎮「勒瓦樂-佩雷」寄來的，這些信件於我如珍寶。有一天我要把它們一張一張接起來，串成一串，綿延幾公里，飄盪在風中，像是榮耀友誼的小旗幟。

這會趕走那些禿鷲的。

# 散步

熱得難受。我很想要出去。已經好幾個禮拜，也許好幾個月，我都沒有離開醫院的範圍，到沿海的開闊台地去散步了。上一次去是冬天。刺骨寒風把海沙吹捲如雲，只有少少幾個遊蕩的人包裹著厚重的大衣，迎著風斜斜走在厚軟的沙灘上。今天，我好想看看貝爾克夏天的景致，聽說我常去的那個人跡罕至的沙灘，現在是人潮擁擠，到處可見七月的懶散人群。要到離開索雷爾的那條通道，必須先穿越三個停車場；停車場上粗糙的路面，對我的屁股是嚴苛的考驗。我忘記了沿路閒逛要具備戰鬥精神，要和陰溝蓋，和坑洞，和停放在走道上的汽車力拼一番。

海邊到了。太陽傘，風帆，和防護泳客安全的圍欄，構成了一張風景明信片。這是假期中的海濱，像柔嫩、聽話的乖小孩。從醫院的露台就可以看見這個鋼色的無垠空間，這空間眞是無與倫比。所見的仍然是同樣的波峰，同樣的波谷，同樣霧氣迷濛的天際線。

我們在開闊的台地上挺著紅通通的大腿，像冰淇淋甜筒一樣來來去去。一個被太陽晒得炙紅的年輕孩子，我想像我舔著他，就像舔著一球香草冰淇淋。沒什麼人注意我。在貝爾克，輪椅一點也不稀奇，就像法拉利在蒙地卡羅也是很稀鬆平常，這裡到處都遇得到像我這樣的可憐人，癱瘓了的、頻頻咳個不停。這天下午，有克蘿德和碧絲陪我。我認識克蘿德才十五天，認識碧絲二十五年，聽我的老夥伴向這位每天來聽寫我的書的年輕女孩描述我這個人，那種感覺很奇怪。她提到我脾氣暴躁、我對書熱情、我愛好美食不加節制、我有輛紅色敞篷車——這一切都成了過去。別人說我是個講故事的高手，會挖掘失落世界的傳奇。「我不知道你是這樣的人。」克蘿德說。我的世界從此一分爲二，以前認識我的，以及以前不認識我的。他們會怎麼想我這個人呢？在病房裡，連一張我的照片也沒有，沒辦法拿給別人看。

我們來到了一座台階的上方，這座開敞的台階上下通到海灘酒吧間，和一列排開的粉彩色美麗更衣室。這台階讓我想起了巴黎「奧多伊門」地下鐵車站的入口，我還是孩子的時候，每次游完泳，撐著被氯弄紅的眼睛回家，都會走這一段台階。那附近的那個莫里多游泳池已經拆掉好多年了。台階，現在對我來說，無異於死胡同。

「你要回去了吧？」碧絲問。我使盡力氣搖晃我的頭，表示反對。去我們眞正的目的地，應該要往後轉。我們遠遠的從老式旋轉木馬的旁邊經過，它手搖風琴的音樂聲，一直在我耳中纏扭不去。我們和方吉歐（Fangio）擦身而過，方吉歐是綽號，大家都這麼叫他，他是醫院的一大奇觀。方吉歐沒辦法坐，一直要像正義一樣直挺挺的不歪不斜。所以他不是站著，就是躺著，移動的時候，就肚子朝下的躺在推床上，自己操控推床。他移動的速度快得驚人，老是大聲喊著：「小心，方吉歐來了」，就從人群中剪開一條路。但是這個迅速位移的大黑影，究竟是個什麼樣的人，我完全不了解。

終於，我們走到了這一趟行程的最盡頭——海灘沙地最遠的角落。我想走遍這整個區域，不是爲了發掘前所未見的新奇景象，而是爲了好好嗅一嗅海濱浴場旁邊一個簡陋的木板棚子所散發的氣息。我們在風中佇留，嗅著敗壞難聞的氣味，感覺就像是死人都有的那種極端無可忍受的、令人暈眩的味道。我的鼻子因愉悅而顫抖。「喔啦啦！」我背面有一個聲音說：「是剩菜餿掉了的味道。」

而我，我一點也聞不厭這種下油鍋的絕望氣味。

# 二十比一

好啦。我想起了馬的名字。牠叫做「太陽神密特拉的坐騎」。

文生現在應該到了阿比維爾。要是開車從巴黎來，這時候就會開始覺得路途遙遠。經過車子稀少的快速公路，轉道開上兩線道的超高速國道，就會塞在長長的車陣裡，汽車和卡車大排長龍。

這件事是十年前的往事了。文生和我，和其他幾個人，有個難得的機會主持一份日報（現在已經停刊了）。一位對報業很有熱情的工業界人士，非常有膽量地把他還在襁褓中的一份報紙，託付給當時巴黎最年輕的團隊。而在那個時候，已經有人暗中籌劃一項陰謀，並且結合金融的力量來扳倒他，搶去他在五、六年前就辦的一份報紙。在打這場混戰的時候，他把他最後幾張名片給了我們這些不明就裡的人。我們用了十倍的精力努力工作。

文生現在來到了交叉路口，他不會走左邊那條通往盧昂和克魯妥的路，而會取道羊腸小徑，途經一個又一個居民不多的小聚落，往貝爾克的方向來。很多不熟悉路況的人都會在這個交叉路口迷路。但是文生不會，他已經來看過我很多次。除了靠方向感，他還憑著一份義氣，而且是一份發揮到極致的義氣。

我們那時候一直是沒日沒夜的工作。早上很早到，晚上很晚走，禮拜六也上班，半夜有時也不下班。五個人五雙手超時超量的工作，卻莫名的快樂。文生每個禮拜都提出十個重要的點子：其中三個很棒，五個還不錯，兩個有點不像樣。我的角色有點是強迫他做篩選，避免他沒耐心的個性，一下子就想把所有突發奇想的點子，通通做出來看看會是什麼結果，也不管這些點子是好是壞。

我遠在醫院就聽到他在路上氣得猛捶方向盤，破口大罵橋樑公路工程局。再兩年，高速公路才會通到貝爾克，目前，這裡還在施工，車行速度緩慢，常常塞在車陣中動彈不得。

事實上，我們兩個人寸步不離。我們一起生活、一起吃飯、一起睡覺、一起去愛、一起去做夢，完完全全都是爲了報紙。是誰提議那天下午去賭馬的？那是冬天的一個美麗的禮拜天，晴朗、寒冷、乾燥，我們匆匆趕到巴黎市郊的萬森森林。我們兩個人都不是喜歡賭馬的人，但是賽馬專欄的報導工作，已經足以使我們移樽到賽馬場附近的餐廳吃飯，而且握有芝麻開門的暗語，能夠開啓賭馬世界的神祕之門：我們有內線消息，知道哪匹馬會獲勝。聽說，「太陽神密特拉的坐騎」那匹馬是一流的，有票房保證。這匹馬的賭金是二十比一，押對寶的話，會讓荷包飽飽，這比利息不多的保守投資更有賺頭。

文生已經開到了貝爾克的市界，他和所有來看我的訪客一樣，都會有那麼一會兒，惶惶然地問自己幹嘛到這裡來。

我們在一間可以俯瞰整個賽馬場的餐廳用餐，吃得很愉快。在這間寬敞的餐廳裡，有一夥一夥聚在一起的痞子穿著假日服裝，還有皮條客、沒有居留身分的黑戶，以及一些小混混，他們都被吸引到馬匹奔馳的世界來。酒足飯飽後，我們貪婪地抽著長長的菸，等待第四回合的比賽，我們處身在這個諸多罪行如蘭花般綻放的熾烈氣氛中等待著。

文生來到海濱林蔭道，轉向朝著開闊台地去，海邊的戲水人潮，抹去了他對冬天的貝爾克冰冷荒漠的記憶。

我們在餐廳裡消磨了太久，根本沒有留意到賽馬已經開跑。我還來不及從口袋裡掏出報社同仁託我的一疊紙鈔，下注的窗口就當著我的面關閉了。儘管我們很保密，「太陽神密特拉的坐騎」名字早就在報紙上傳開，本來只是一匹獲勝機會不大的冷門馬，一炒作就變成了人人都想押寶的神駒。現在能做的就只是看比賽，心裡抱著希望……拐過最後一個彎道以後，「太陽神密特拉的坐騎」開始大幅領先。衝刺時，他超前了五個馬身，我們看著牠衝過終點線，像夢一樣不可思議的，把緊隨在後的第二匹馬遠遠拋在四十公尺外。飛得跟飛機一樣快。在報社，大概每個人都在電視機前熱烈歡呼。

文生的車子開進了醫院的停車場。太陽當空照耀。對訪客來說，走最後這幾公尺總不免喉嚨發緊，必須要鼓起十足的勇氣。這一小段路會經過一道自動開啓的玻璃門、七號電梯、通往一一九號病房狹窄可怕的過道；最後這幾公尺正是我和世界之間的分隔。從許多扇微微開啓的門，會瞥見橫陳在床上的病人、臥床不起的病人，被命運丟棄在生命的邊境。有些訪客看到這些景象會喘不過氣來。他們進我的病房之前都會先鎮定一會兒，然後才帶著最堅定的聲音，和比較不那麼迷濛的眼睛出現在我面前。他們好不容易進到我的病房，實在很像是憋氣憋了很久的潛水者終於接觸到空氣。我甚至知道有些人來到我病房門口又立刻折返巴黎，他們的氣力在門檻前就耗盡了。

文生敲門，安安靜靜地進來。我已經很習慣去注意別人的眼神，看那眼神裡彷彿透露那麼一點驚慌的神色。或者我應該說，這些眼神不會再讓我那麼恐懼了。我用我因爲癱瘓而萎縮的表情，努力在臉上擺出一個歡迎的微笑。文生對我這一副鬼臉，報以一個吻，親在額頭上。他都沒有變。他棕色的頭髮，他沈著的臉，他矮胖的外型，兩隻腳習慣性地交互蹦跳，使他整個人看起來就好像是威爾斯的工會主席前來探望在瓦斯爆炸中受傷的工人。他稍微卸下了心理防衛，像個重羽量級的拳擊手一樣走近前來。在「太陽神密特拉的坐騎」揚威的那天，獲勝的馬四「要命的」進場時，他只說了一句話：「笨蛋。我們眞是笨蛋。回報社他們一定擺張臭臉給我們看。」這是他最喜歡的表達方式。

老實說，我已經忘了「太陽神密特拉的坐騎」。這件事是我記憶中突然湧現的一個回憶，其中還包藏著雙重的痛苦痕跡。對於消逝的過往的鄉愁，尤其是對沒有把握住機會的愧疚。「太陽神密特拉的坐騎」，就像我們不懂得去愛的女人，我們沒有好好把握住的機會，我們讓它溜走的幸福。今天我覺得我所有的存在都只是這一連串受挫的記錄。我們事先都知道賽馬結果，但是我們都沒有能力去贏。

對啦，順便一提，我們後來把所有的賭金都還給了同事。

# 打野鴨

除了「閉鎖症候群」本來就有的種種不舒服以外，我的耳朵還要忍受嚴重的噪音干擾。我右邊的耳朵，是泥沙淤積的葡萄牙形狀之物，而左邊的耳朵，耳咽管擴大，使得從兩公尺半以外傳來的聲音都會變調。當飛機拉著長長的廣告白布條飛過沙灘，爲地方公園所舉辦的遊藝會做宣傳的時候，我以爲有人在我的耳膜裡磨咖啡豆。但這些噪音只是短暫過渡的聲音。雖然我一直努力要大家對我聽覺上的困擾多多體諒關照，但總有人還是會忘了幫我關上門，讓惱人的噪音不斷從走廊漫進來。高跟鞋踩在亞麻地毯上的咯咯聲，推床相撞的金屬聲，交疊的談話聲，以及一夥人互相叫來喚去的，像是證券交易所的職員在辦交割的叫喚聲，還有放送到各處去沒有人聽的廣播聲。而在這些吵雜之上，更有一個聲音高高的壓過這一切，一台打蠟機嗡嗡鳴響的聲音，不由得讓人揣想，在地獄也不過就是這個滋味。也有幾位病人很可怕。我知道有的病人唯一覺得有樂趣的是，每天聽同一捲錄音帶。我隔壁曾經住了一個小病人，有人送他一隻絨毛鴨子，鴨子裡面裝了一個音樂盒。只要有人進病房，他就會播放那刺耳的音樂，也就是說一天要播個八十回。當我正準備執行滅鴨計畫的時候，這位小病人高高興興地出院回家了。不過我還是把這個計畫夾在我的腋下，很難講什麼時候又有哪個淚水汪汪的家庭再來這麼一遭。獲頒「最誇張病人獎」的病人，應屬一位因爲深度昏迷而腦筋受損的女病人。她咬過好幾個護士，用手抓過好幾位男性看護工的下體，她每要一杯水就大喊「火災！」。剛開始的時候，這個假警報會使整個醫院進入備戰狀態，然後，打仗打累了，大家就任由她不分日夜的扯著喉嚨大吼大叫。她這些古怪的表現使我們的精神科有一點「杜鵑窩」的氣氛，很夠刺激，而要是有人動我們這位女朋友，使得她大喊「救命啊，有人要謀殺我！」，我還是會爲她哀悼的。

當喧譁止息、寧靜回返的時候，我聽見了蝴蝶飛過我腦海的聲音。必須非常專心才能聽見這聲音，甚至要凝神靜思，因爲蝴蝶翕動翅膀幾乎是無法感知的。稍微用力一點呼吸就可能掩蓋了牠鼓翅的聲音。然而有件事很奇怪。我的聽覺並沒有改善，然而這聲音卻聽得越來越眞切。我耳朵裡是有很多蝴蝶的吧。

# 禮拜天

透過窗戶，我看見了赭石色的磚牆在太陽第一道光線的照耀下變得暢亮。磚塊和小學四年級時讀的希臘文法課本一樣，都是殷紅色調。當時我希臘文的成績並不出色，離好學生還差得遠，但是我喜歡這個溫暖、深沈的色調，它使我願意勤勉地讀書，爲我開啓了另一個世界，接觸到雅典政治家亞西比德的狗，以及和波斯人在溫泉關激戰的希臘英雄。賣顏料的商人把這種顏色叫做「古紅色」。這顏色和醫院走道上OK繃似的粉紅色一點也不像。更和我病房裡踢腳板和窗框所漆的淡紫色扯不上任何關係。這兩種顏色看起來有點像廉價香水的包裝。

是禮拜天了。要是這一天很不幸地沒有任何訪客來看我，沒有任何事情來打破我接連幾個小時的無精打采，這就會是個可怕的禮拜天。沒有物理治療師，沒有語音矯正師，沒有心理醫師。整個沙漠只有一個綠洲：洗一個比平時更簡略的澡。在禮拜天這一天，值班的人因爲禮拜六晚上喝酒夜歸，再加上假日不能和家人去野餐，也不能練習射擊，或者是去抓蝦，引發了愁緒，使他們變得死板、僵硬、遲鈍，所以幫我洗手洗腳，就比較像是肢解牲畜、掏洗內臟，而不像是水療法。用三倍劑量的上等香水也無法掩蓋事實：我太臭了。

是禮拜天了。這一天，看電視一定不能選錯頻道。選頻道需要高度的戰略技巧。如果沒有善心人士來幫我轉台，選錯頻道可能會讓我虛度三、四個小時，而且有時候，如果一個還不錯的節目，後面會接著播出哭哭啼啼的連續劇、無聊無趣的猜謎節目，或是喧鬧吵雜的脫口秀，那麼我寧可放棄前面那個節目的好。我的耳朵受不了響亮爆發的鼓掌聲。我比較喜歡安安靜靜談論藝術、講述歷史，或是介紹動物的節目。看電視，我只端詳著電視，就好像注視壁爐裡的火，聽不見旁白解說。

是禮拜天了。鐘聲重重的敲擊時間。牆上，掛著公共救濟事業局的小日曆，每天翻著翻著，才赫然發現已經八月了。是什麼原因，一向在這裡凝止不動的時間，竟一反常態地加速快跑？在我日漸湫狹的世界裡，幾個小時的時間慢如蝸牛，幾個月的時間卻迅如閃電。我不相信現在已經八月了。我的朋友、我親愛的女人、我的孩子都在假期的風中四處散逸。我靠著想像力，悄悄來到他們夏日的野營地，雖然跟著跑這一趟讓我心頭微微疼痛，但我不在意。在布列塔尼，一群孩子騎著腳踏車從市場回來。每張臉上都有燦爛的笑容。其中幾個孩子早就到了憂思滿懷的青春期，但是在這條種滿杜鵑花的路上，每個人都找到了他遺落的無邪天眞。這天下午，他們坐小船環繞小島一周。小小馬達頂著水流，啪啪作響。有人在船頭直直平躺，閉著眼睛，一隻手垂放到涼涼的水中。在法國南部，炙熱的陽光壓著屋頂，孩子們躲在屋子裡陰涼處。有人在一張張畫紙上寫生，塗滿水彩。一隻貓，腳受了傷，在本堂神父的花園找一個陰暗的角落躲藏。在更遠的地方，在卡馬爾格，有一群小牛遠遠的繞過沼澤，沼澤裡散發出第一道茴香酒的香氣。四處都有人爲了家庭大團聚，加緊進行準備工作，所有做媽媽的對這種事早就疲煩的打呵欠，但是對我來說，這別有一種儀式的味道，被遺忘的神奇儀式：午餐。

是禮拜天了。我仔細觀察堆放在窗邊的書，看似一個小小圖書館，卻沒有什麼用處，因爲今天沒有人念書給我聽。賽內克、左拉、夏多布里昂、梵樂希、拉堡都近在咫尺，卻很殘酷的碰也碰不到。一隻黑色的蒼蠅歇在我的鼻頭。我把頭扭來扭去，想把牠甩掉。牠卻緊抓著不放。在奧林匹克運動會看到的希臘—羅馬式摔角都沒有這麼慘烈。是禮拜天了。

# 香港小姐

我很喜歡旅行。還好，多年的旅行經驗使我累積了足夠的影像、氛圍，和感覺，所以在貝爾克天色灰暗，被禁足不得出門的時候，我還可以有個去處避開這裡。這是種奇異的飄遊。紐約酒吧的腐舊味道。仰光市場上的貧苦氣息。天涯的盡頭。聖彼得堡風雪冰寒無眠的夜，或是內華達的沙漠裡烈焰難擋的太陽。這個星期的旅程有一點特別。每天清晨，我都遠颺到香港，香港是我的雜誌召開國際編輯會議的地方。我還是說「我的雜誌」，雖然這種說法並不恰當，但是這個所有格代名詞就像是一條繩子，無數條繩子中的一條，把我和這個轉動的世界綰在一起。

在香港，找路對我有點困難，不像我在其他城市總能行走自如，因爲我從來沒有去過香港。每次一有機會去，命運就會鬼使神差的把我推離這個目的地。不是出發前突然病倒，就是臨時找不到護照，或是冒出一篇報導把我召到另一片天空去。總之，意外狀況使我一直無法成行。有一次，我把我的機位讓給了尙・保羅・K——那時候他還沒有遇上被囚禁貝魯特黑牢的事，他後來說他在被囚禁的期間，常背誦波爾多葡萄酒的產區，以免自己發瘋。他從香港回來以後，帶了一支大哥大給我，當時，這玩意兒是會讓人尖叫的時髦事物。我還記得，他把大哥大遞給我的時候，他的眼睛在圓圓的眼鏡後面笑著。我很喜歡尙・保羅，但是他成了巴勒斯坦游擊組織的人質以後，我就一直沒再見到他。那個時期，相較於他以生命來護衛自己職業的尊嚴，我對我自己選擇在流行虛浮的世界鑽營無用的事物，深深覺得羞愧。現在，是我被囚禁，而他成了自由人。因爲我對梅多克的酒窖所知有限，所以我必須找其他的連禱文，來塡滿空洞時光。我數算我編輯的雜誌在哪些國家出版。在聯合國已經有二十八個地區發行這一份雜誌。

噢，對了，我親愛的女同事，你們在哪裡？你們就像法國流行風的女大使，辛勤不倦地工作。每天在旅館的會議廳聽取各種提問，試著以中文、英文、泰文、葡萄牙文、捷克文回答這個最形而上的問題：女人誰最能代表 Elle？我想像這時候你們散布在香港各個角落，走過流淌著霓虹燈的街道，走過一家家賣小型電子計算機的店、賣湯碗的店，亦步亦趨的踩著我們總裁的腳蹤，爲了工作穿街過巷。一半像具有危險精神的漫畫人物Spirou，一半像威嚴十足的政治首腦波拿巴，我們總裁會在最高的摩天大樓前停下腳步，膽氣十足地打量它，那神情就好像他要吞吃了這些高樓一樣。

我們去哪裡，我的總裁？我們要跳上開往澳門的快艇，在那裡的賭桌上供奉一點錢財，還是到半島酒店的菲利克斯吧台坐坐？一股自戀的衝動促使我選擇了後者。半島酒店的吧台是法國設計師菲利普・S設計的，那裡擺設了一張我的照片。我是一個很不喜歡拍照的人，可是在這間豪華的小酒館裡，我和十幾張巴黎人的臉孔一起，都被設計在椅背上。這些人的照片都是菲利普・S拍的。我的照片才拍好沒幾個星期，命運就把我改造成嚇唬麻雀的稻草人。我不知道我的椅子是不是比放其他人照片的椅子還受歡迎，但是請不要告訴吧台的酒保，我後來出了什麼事。他們是很迷信的。而且一旦洩漏了，就不會有穿著迷你裙的嫵媚中國女人坐在我上面。

# 留言

要是醫院裡我所在的角落，有那麼一點昂貴的英國私立學校的樣子，那麼咖啡廳裡的那幾位常客就不會被看做是「消逝詩人協會」的成員。女孩們眼神冷酷，男孩們紋身，有時手上還戴了好幾只戒指。他們坐著輪椅聚在一起，談論鬥毆和摩托車，一根菸接著一根菸的抽。每個人彎駝的肩上似乎都扛著十字架，身後殘酷的命運拖著苦刑。對他們來說，貝爾克是一個人生的轉折點，不過是從受虐的童年，轉折到沒有職業生涯的未來。當我繞行他們燻黑的神祕洞穴，他們會態度謹慎的沈默下來，但是我從他們的眼神裡看得出來沒有憐憫，沒有同情。

從咖啡廳開敞的窗戶，傳來醫院的銅心顫動的聲音，銅鐘每一個小時使藍天振動四次。有一張桌子，上面堆滿了空杯子，旁邊擺著一台小型打字機，滾軸裡有一張粉紅色的紙。雖然目前這張紙還是空白，我相信有一天總有人會留言給我。

我在等。

# 在葛雷凡蠟像館

這天晚上我在夢中造訪了葛雷凡蠟像館。它變了很多。但入口處還是保留了拿破崙三世時期的風格，還有驚奇屋，以及那幾面讓人變形的哈哈鏡，不過當代名人陳列室已經撤掉了。在第一間展覽廳裡，我一下子還認不出那些人形蠟像。這些蠟像都穿著平常上街的服裝，要是我運用想像幫他們換上白色的罩衫，一個個細看他們的模樣，就會發現穿T恤在馬路上遊蕩的人、穿迷你裙的女孩們、推著小推車定住不動的清潔婦、戴安全帽的摩托車騎士，這些男男女女原來都是從早到晚繞著我床邊轉的護士和看護工。所有的人都在這裡，凍結在蠟像裡，溫和的、粗暴的、敏感的、冷漠的、積極的、怠惰的，這其中有些人你可以和他建立關係，有些人你在他手中只不過是許多病人中的一個。

剛開始的時候，有些人嚇壞我了。我只把他們看作是看守我坐監的塞伯拉斯地獄守護犬、陰謀陷我於災病的共犯。後來，我痛恨那些扭痛我的手臂把我放到輪椅上的人、整夜把我擱在電視機前就忘了我的人、讓我姿勢很不舒服我抗議也不理我的人。有那麼幾分鐘，或是幾小時的時間，我眞恨不得殺了他們。最後，時間把我暴烈的怒氣消蝕了大半，我也比較習慣他們的態度，好歹他們也履行了他們的職務：當十字架壓得我的肩膀疼痛難當時，他們幫我把十字架稍稍抬高一些。

我為他們取了好玩綽號，只有我自己知道。他們一進我的病房，我就會暗暗的叫他們：「嗨，藍眼睛！」、「你好啊，大鳥！」他們當然都被蒙在鼓裡。那位老是在我的床邊跳舞，還擺出搖滾歌手的姿勢問我：「你怎麼樣啦？」，是大衛・鮑伊。孩子頭、灰白頭髮，還裝出一副嚴肅模樣的是老學究，他老是用同樣一句判決文，說：「到目前為止還好嘛！」藍波和魔鬼終結者，正如你所料的，他們都不是什麼溫柔的角色。這之中我最喜歡溫度計，她很盡責，是個好榜樣，只是她常常忘記拿走夾在我的胳肢窩裡的溫度計。

葛雷凡蠟像館的雕塑師在表現北方人圓乎乎胖嘟嘟的小臉蛋時，並不是都很成功。這些人在北方，在歐帕海岸的風和皮卡第肥沃的土壤間，已經住了好幾代，他們自己人聚在一起，很自然地立刻就會用方言交談。有些蠟像的面容非常相似。雕塑人物，大概要有中世紀細密畫家的特殊稟賦，在筆端沾帶魔法來描摹法蘭德斯的街頭人群，才能使作品栩栩如生。我們這裡這位雕塑家缺乏這項天賦。然而，他還是爲青嫩的女孩雕塑了圓渾的手臂，在她們豐滿的臉頰上抹上胭脂紅暈，把小護士青春燦爛、天眞無邪的魅力點出來了。離開了展覽廳，我告訴我自己，我好愛這些人，所有這些爲我執行死刑的劊子手。

在旁邊另一間展覽廳裡，竟然有一間病房，就和我在海軍醫院的病房一模一樣。其實，只要走近前去看，就會發現牆上的照片、畫片，和海報，都是用碎花布拼綴起來的，隔著幾步之遙看，有那麼幾分印象派作品的味道。一束昏黃黯淡的光打在病床上，床上，沒有病人，只有黃色被單上有個凹陷的痕跡。在病床與病床間的過道，有一些人散置在空落落的床邊。這些人我都認得。他們就是在我發病後自動繞到我旁邊來的守護者。

米歇爾坐在凳子上，盡責的在筆記本上寫字，我的訪客都會在這筆記本裡記下我的話。安・瑪麗正在插那四十朵玫瑰花。貝爾納一隻手拿著一本翻開的書

——保羅・莫蘭的《大使館隨員的日記》，另一隻手擺出律師雄辯滔滔的姿勢。鼻頭上架著金絲邊眼鏡的他，活像一個職業辯護師。芙羅蘭把孩子的畫釘在軟木板上，她有烏黑的頭髮，臉上還有憂鬱的微笑。派崔克，背靠著牆，彷彿迷失在思索中。這些景象感覺如此眞實，有一種溫柔甜美的氣息、有一種共同承擔的悲抑，和一種逐漸積累的沈重情緒，每當這些朋友來到我身邊，這種種的感受就會湧現。

我還要在蠟像館裡繼續漫遊，看看是不是還有其他驚喜，但是在一條陰暗的過道裡，有個守衛拿著火炬直衝著我的臉。我眨了一下眼睛。一驚醒，發現有個小護士，她圓圓的手臂拿著手電筒，彎著腰對我說：「你的安眠藥，你要現在吃，還是再等一小時？」

# 愛吹牛的人

我最早的幾條牛仔褲，都是在巴黎中學的椅凳上磨損的。那時，我和一位瘦高的男孩有點交集，這男孩名叫奧利維，是個說謊不用打草稿的人，但是他的謊言給我們平添了不少樂趣。和他在一起，就不必上電影院看電影。你永遠可以在他旁邊找到好位子，看他出神入化的演出。禮拜一，他會突如其來的敍述他上個週末的奇遇，內容勝似天方夜譚。如果禮拜天他不是陪搖滾歌手強尼・哈利戴一起過，就是到倫敦去了一趟，看最近上映的〇〇七，要不然就是有人把最新款的Honda借他開。那時候法國已經進口日本汽車，我們在下課時間常常談得口沫橫飛。從早上到晚上，我們這位同學總是滔滔不絕的小小謊言和大大吹牛，不擔心不斷翻新的故事，和以前講過的內容有出入。十點的時候是孤兒，吃午餐時成了獨生子，一到下午又可能多出了四個姊妹，其中有個妹妹還是花式溜冰賽的冠軍。至於他的爸爸，在現實裡是個公務員，但是隨著時間的推移，他會變成原子彈的發明人、披頭四的經紀人，或是戴高樂的私生子。奧利維對自己這些天花亂墜的話，根本不講究什麼一致性，所以我們也不會要求他要前後一貫。每當他說了一些實在很難消化的故事，引發我們的疑竇時，他都會摸著良心說：「我發誓！」，而他這種誠懇的態度很快的就會軟化我們。

後來，奧利維並沒有如他原先所想的一樣成爲戰鬥機的駕駛員、地下情報員，或是某個親王的親信顧問。但是到頭來，他倒也很順理成章的，在酒吧裡找到了發揮他三寸不爛之舌的舞台。

我有些後悔，當時有點瞧不起他，因爲現在我反而羨慕起他來，羨慕他說故事的高明技巧。雖然我也開始在現實之外，爲自己的命運創造一些非凡的際遇，但是我不確定我能不能像他一樣口才便給。在我的人生裡，我是第一方程式的賽車手。你一定在義大利蒙扎看過我，或者是在銀石杯的比賽中看過我。沒有漆上任何標誌、任何號碼的白色神祕賽車，那就是我駕駛的。我躺臥在「床」上——意思也就是說躺臥在駕駛座艙裡，緊貼著彎道飛馳，頭盔受到地心引力的影響而歪斜，重重壓著我的頭。我也曾經在拍攝歷史大戰役的系列電視劇集裡，扮演過小士兵。我拍過韋辛格托里克斯在阿萊西亞反抗凱撒的戰爭、拍過擊退阿拉伯人入侵的普瓦捷戰役、拍過凡爾登戰役、拿破崙大小征戰……等各種戰爭場面。我在諾曼第登陸時受了傷，不知道還能不能空降到越南的奠邊府。對復健師來說，在環法國自行車賽重要賽程舉行的前夕，我是獲勝機會渺茫、不被看好的選手。在她的醫護下，我因爲用力過度而拉傷的肌肉疼痛減輕了。在圖馬奈，我騎得飛快。我聽見坡頂上群衆的鼓譟歡呼，下坡時就只聽見車輪乎乎的風聲。我一馬當先，足足領先其他的賽車選手好幾公里。「我發誓我說的是眞的！」

# 〈生命中的一天〉

現在，我們快要走到路的盡頭了，而我還要把一九九五年十二月八日那個愁慘的日子召回我的記憶。開始寫這本書的時候，我就很想敘述我還是個行動自如的地球人時那最後的人生。但是，我一再地遲延，以至於現在每當要彈跳到我的過去，我就會陷入昏迷。過去那些沈重、徒勞的時光，好像瀉了滿地的水銀無從撿拾，我也不知道過去要從哪裡談起。字句脫串四散了。該怎麼說呢，最後那一日的清晨，我最後一次從溫熱、柔膩、高大的那棕髮女孩身邊睡醒，有點漫不經心，也有點抱怨這一天又要這麼開始。那天一切都是灰色的、凝滯的、無可奈何的，天色、人們、城市，都因爲連續好幾天的大衆運輸系統罷工而困乏不堪。正如千百萬個巴黎人，芙羅蘭和我，也跟幽靈沒兩樣，眼神空洞、面容疲憊，這一天鐵定又是雜亂混亂胡亂的一天。我機械性地做了所有簡單的動作，這些動作今天在我看起來都很不可思議：刮鬍子、穿衣服、喝一碗巧克力。好幾個星期以來，我就在等今天，今天我要試車，一位德國汽車進口商要借我一輛最新款的車子，並附借一位司機，一整天供我差遣。約定的時間一到，一個頗有專業素養的年輕人就在大樓公寓前等我，在他背後是一部銀灰色的ＢＭＷ。我透過窗子，在樓上瞧著這部轎車。車子龐大、豪華，我不禁自問，穿著老舊牛仔裝的我，坐在這部高級豪華轎車裡，看起來會是什麼樣子。我把前額頂在玻璃上，感受一下外面的寒意。芙羅蘭輕輕撫著我的頸後背。我們匆匆說再見，雙唇微微碰觸。我迅速的下樓，樓梯似乎上蠟。蠟的氣味是過去時光最後的氣息。

I read the news today, oh boy……

（喔，孩子，我看了今天的新聞……）

收音機在兩則路況報導之間（路況報導聽起來總像是世界末日到了），穿插播放了披頭四的歌〈生命中的一天〉（*A day in the life*）。我想寫：披頭四的「老」歌，但這只是沒有必要的疊床架屋，他們最後一次錄音可追溯到一九七〇年，他們的歌沒有不老的。經過布隆尼森林的時候，ＢＭＷ像飛毯似的滑行，車像繭，像甜美、豪華享受的繭。我的司機很親切。我對他說明我下午的計畫：到我前妻那裡去接我兒子，天黑以前我要接他到巴黎。他們住在距離巴黎四十公里的地方。

He did not notice that the lights had changed……

（他沒有注意到紅綠燈變了……）

七月以來，家庭的事幾乎都被我拋到腦後，提奧菲和我很久沒有面對面地像男人一樣的談話。我想帶著他到劇場去看阿西亞斯的新戲，然後到克利奇廣場的餐廳去吃幾個生蠔。我們早就約好，要共度週末。我希望罷工事件不會妨礙我們的計畫。

I'd like to turn you on……

（我想要讓你興奮起來……）

我很喜歡這首曲子的編曲，整個管弦樂團的演奏漸次加重強度，一直到最後一個音符強力爆發出來。有人說這是鋼琴從六樓摔下來的聲音。車開到了勒瓦樂。

BMW停在雜誌社門前。我跟司機約好了下午三點。

辦公室裡只有一個留言，但是這留言讓人好吃驚。要我緊急回電給西蒙・V女士，前任健康部長，法國以前最知名的一位女士，是最受報刊界推重的崇高人物。這一類的電話絕對不會是無緣無故打來的，我先問了一下我們是不是說了什麼，或做了什麼，才勞煩這位幾近神聖的人物打這通電話來。「我想她不太滿意上一期雜誌裡她的那張照片。」我的助理委婉地說。

我撥了留言上的那個電話號碼，果不其然就是那個疏失，那張沒有處理好的照片使我們這位偶像人物變得可笑，而不是尊榮。這是我們這一行的一個難解的奧妙處。就一個題材孜孜不倦地工作幾個星期，經過許多最專業的行家精察細究，最後卻因爲一個才來見習十五天的生手擺烏龍，弄出了一個明顯的錯誤。結果我就必須接這通風狂雨暴的電話。因爲她認爲我們雜誌幾年以來一直和她唱反調，所以我很難說服她，她眞的一直是我們崇拜的對象。通常，這種善後的電話都落在雜誌主編安・瑪莉的身上，她有足夠柔嫩的耐心來和這些知名人士溝通。如果要把我比做某位官方人士，我想我比較像丁丁漫畫中的哈豆客船長有一句說一句，而不像長袖善舞的亨利．季辛吉。講完這一通四十五分鐘的電話，我覺得我只是一塊擦腳的墊子。

儘管諸位編輯先生、編輯小姐總會沒有好聲調地說「有點討厭」，但是當雜誌社老闆（他的支持者幫他取了綽號，叫做紅蕃酋長、路易十一、回教教主）要召開午餐會議，說要「了解狀況」的時候，大家還是不會爲了世界上的任何大事而缺席。午餐會的地點就在雜誌社頂樓，那裡是高階管理階層的專屬餐廳，場地很寬敞。大老闆的談話透露著一些端倪，努力揣測大致就可以了解他偏好哪一類題材。他時而以絲絨般的溫潤音調表達他的推崇，時而以爪子一樣的銳利奇擊來駁斥，在這兩種態度之間，他有各種表情達意的方式，扭扭臉、搔搔鬍子。這幾年我們早就學會了怎麼去破譯所有這些小動作。

在這最後的一餐，我已經不太記得，一如死刑犯的我所喝的最後一杯，是不是只是水。主菜，我記得有牛肉。也許我們感染了瘋牛症。雖然那時候還沒有爆發這個事件，但是聽說瘋牛症會潛伏十五年，以這樣來推算，在時間上綽綽有餘，受到感染也不無可能。那時候唯一有病危消息傳出的是密特朗，當時整個巴黎都壓著心口留意他每天的健康報告。他是在這個週末去世的嗎？事實上，他還活了一個月。這頓午餐惹人厭的眞正原因是，沒完沒了。司機再看到我的時候，夜色已經罩在玻璃帷幕上。爲了省時間，我沒向任何人說再見，就像小偷一樣悄悄從辦公室溜走。已經過了四點鐘了。

「我們現在去會塞車，陷在車陣裡。」

「我很抱歉。」

「是耽誤了您的時間……」

有那麼一會兒，我恨不得取消一切：看戲改期、去看提奧菲改期，我只想把自己埋在被窩裡，吃一缽白乳酪，玩塡字遊戲。我決定抵抗這種沮喪的感覺，它已經快滿到我的喉嚨了。

「我們避開高速公路好了。」

「就照您的意思……」

儘管BMW馬力足，還是被卡在蘇河那橋上。我們沿著聖・克魯德的跑道走，然後經過嘉旭的雷蒙・波伊卡醫院。經過那裡，我都會想起小時候一個陰暗的回憶。我在讀龔多協中學的時候，一位體育老師帶我們到沃克松的標準體育場去做戶外運動。戶外運動一向是我最痛恨的。有一天，載我們去體育場的車子猛力衝撞了一位從醫院跑出來的路人。這一撞，車子發出了滋滋滋的緊急煞車聲，但是那個人一命歸陰，一大灘血噴在車窗玻璃。那是冬日的午後，就像這天。接下來的時間都在作筆錄。天黑了，另一位駕駛載我們回巴黎。我們擠在車後座，顫抖地唱著〈潘妮小巷〉(*Penny Lane*)。還是披頭四的歌。提奧菲四十歲的時候，什麼曲子會成爲他的回憶呢？

一個半小時以後，我們到了目的地，到了那棟我生活了十年的屋子前。大花園裡罩著霧，以前幸福時光的笑聲、叫聲仍在迴響。提奧菲坐在背包上，在門口等我們，等著度週末。我很想打電話給芙羅蘭，我的新女友，聽聽她的聲音。但是她應該到她爸媽家去做禮拜五晚禱了。看完戲後我再跟她見面。我只參加過一次猶太家庭的這種禮拜儀式。那是在這裡，在蒙他維爾，一位老突尼斯醫生的家裡，我的孩子就是他接生的。從這裡以後，我的記憶就變得支離破碎。我的視線模糊，我的頭腦混沌。我還坐到BMW的駕駛座上去開車，想辦法集中精神看儀表板上的燈光指示。我的操控慢下來。在車燈的照射下，我幾乎沒辦法分辨是不是該轉彎了，而這條路我已經走了千百趟。我感覺到汗水成串地滴在我額頭上。和對面的來車交會時，我把一輛車看成兩個影像。到了第一個交叉路口，我和司機換位子。我跌跌撞撞地從ＢＭＷ裡走出來，幾乎站不穩。我倒在後座。我心裡只有一個念頭：把車子調頭開到小鎮去，我的小姨子迪安娜住在那裡，她是護士。到她家門口，我意識昏沈地請提奧菲跑去叫人。不一會兒，迪安娜來了。她只檢查了我幾秒，就下達指令：「要送醫院。越快越好。」到醫院還有十五公里。這一次司機加足了馬力，火速前進。我覺得自己很異常，就好像吃了迷幻藥，我告訴自己這玩意兒不適合我這個年紀。我壓根沒想到我可能就會這樣死去。在曼特的路上，ＢＭＷ尖聲嘶吼，我們一路超車，以響亮的喇叭聲剪出通路。我很想說幾句這種話：「等等。我現在好多了。不需要開這麼快，免得出車禍。」但是我發不出半點聲音，我的頭一直晃，控制不了。今天早上披頭四的歌又回到我腦海。And as the news were rather sad, I saw the photograph.（雖然這個消息讓人悲傷……我看了照片……）很快就到了醫院。有人從四面八方跑過來。有人把我搖晃的手臂架在推椅上。BMW的車門輕輕關上。有人告訴過我，聽關車門的聲音就知道車子好不好。我覺得走道上的燈光很刺眼。電梯裡，有陌生人熱情地爲我加油，披頭四唱到〈生命中的一天〉最後一句。鋼琴從六樓掉下去。在它還沒有觸地，還沒摔壞以前，我還有時間想最後一件事：看戲非得改期不可。我們就算現在趕去也會遲到。明天晚上再去了。喔，對了，提奧菲人在哪裡？我沈陷在昏迷。

# 開學了

夏天接近尾聲了。晚上轉涼，我又要在厚厚的被子裡縮成一團。我蓋的被子上有「巴黎醫院」的藍色字樣。每天有固定幾張熟悉的臉孔會在暑假這段休憩的日子出現在醫院：清潔婦、牙醫、送信的人，和一位護士。這位護士成了小湯馬仕的祖母。還有一位六月時被床的欄杆折斷指頭的人。暑假一過，大家重新找回舊有的習慣、舊有的標記。這是我在醫院第一次體會到，團體的作息回返常態。醫院的「開學」使我確定了一件事：我真的是這裡新生活的新生。這裡，在床、輪椅、走廊之間，有生命來來走走，生命都走了，但是都走不出這裡。

我低聲哼著「袋鼠」這首小歌，這歌是用來測定我發音正不正確的：

「袋鼠跳過牆，
動物園圍牆，

天哪，好高哦，
天哪，好美哦。」

除了醫院的「開學」以外，對於「學校開課」、「工作開工」……這種種過完暑假後的新開始，我只聽到一些瘍瘖的回聲。文學界開始活動、學校開始上課、巴黎人回到巴黎去，不過，不久以後我會有更多外界的消息，等我的朋友又到貝爾克來，他們會帶來滿籮滿筐的新奇見聞。現在，提奧菲好像穿著一雙特殊的籃球鞋跑來跑去，鞋子踩在地上時，腳後跟會閃著亮光。在漆黑中可以跟著他的腳步走。在這期間，我以輕鬆的心，滋滋有味地品嘗著八月最後一個星期，因爲，很久以來這是第一次，我沒有像暑假剛開始的時候那樣，痛苦的數算過去溜逝了多少日子，而這反而讓我糟蹋了大半的時光。

克蘿德的手肘靠在一張塑膠小桌子上，這張桌子就是她的辦公桌，兩個月以來每天下午，她都在這裡耐心地從虛空之中抽絲似的記錄下文章。現在，她把這些文章念給我聽。有些部分我聽了很窩心，有些部分卻教人失望。這樣就能出一本書嗎？我一邊聽，一邊凝視她棕色的髮絡，她蒼白的臉頰，臉頰因太陽和風而略顯潮紅，她的手上看得見長長的藍色靜脈。種種的文具、用品都將成爲這個勤奮工作的夏天的回憶影像。藍色的大筆記本，每一頁都寫滿了她端正、娟秀的字。小學生的鉛筆盒，裝滿了一隻隻備用的原子筆。一疊衛生紙，爲我的咳痰而準備。還有一個紅色的小錢包，她不時會從裡面掏出零錢，去買杯咖啡。小錢包的拉鍊微微開著口，我瞥見了一把旅館的鑰匙，一張地下鐵車票，一張對折又對折的百元法郎鈔票。這些東西就好像是被送到地球來的太空探測器，以研究地球人目前的生活形態、運輸形態、交易形態。這些東西讓我心慌，也讓我沈思。在宇宙中，是否有一把鑰匙可以解開我的潛水鐘？有沒有一列沒有終點的地下鐵？哪一種強勢貨幣可以讓我買回自由？應該要去其他的地方找。我去了，去找找。

貝爾克-海灘，一九九六年，七至八月

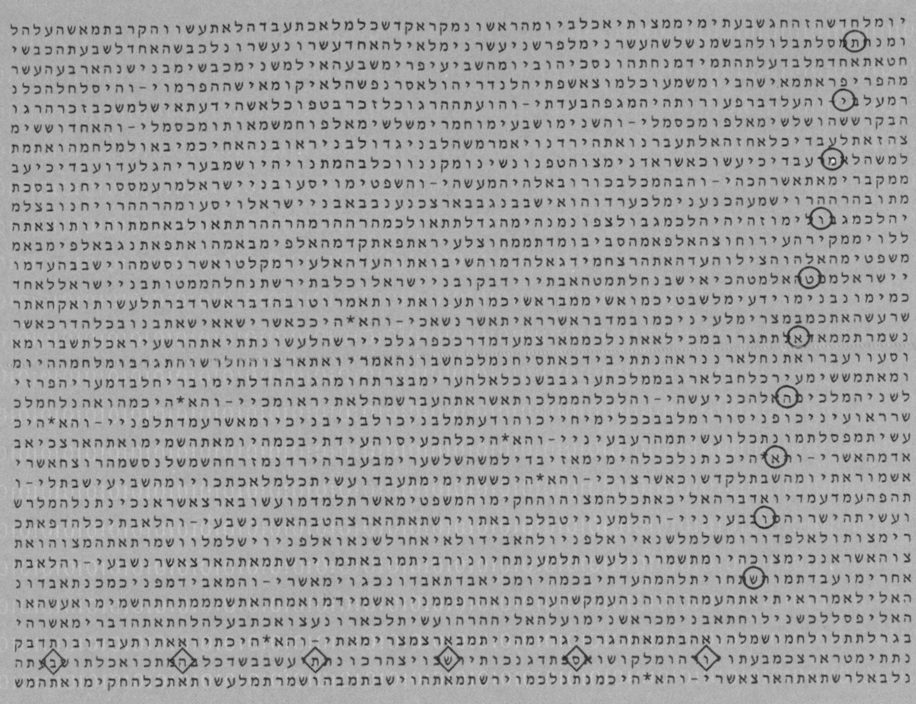

○ 核武浩劫　　◇ 在5760（2000）年／在5766（2006）年

# 聖經密碼
# The Bible Code

Michael Drosnin◎著　杜默◎譯

哈佛、耶魯、希伯來大學的世界一流數學家，加上美國國家安全局的解碼專家，利用電腦印證了聖經裡隱藏了一套密碼。三千年來的人世變化，都在這套密碼的預言之中。納粹興起，廣島核爆，人類登陸月球，波灣戰爭，無不歷歷如繪。

作者是前《華爾街日報》和《華盛頓郵報》的名記者。經過五年的追蹤調查完成本書。1994年9月他寫了一封信給以色列總理拉賓：根據密碼的顯示，拉賓的名字和暗殺聯在一起。一年後，1995年11月，拉賓死在一名刺客的鎗下。

上帝要透過電腦傳達訊息給我們？還是我們可以透過電腦想像上帝的另一種可能面貌？人類所有的命運都是預定的？還是可以預知而改變的？而我們接下來要面臨的，又是什麼樣的劫難或希望？

mark

# 絕對的藝術家
# 趙春翔的藝術世界

謝恩 著

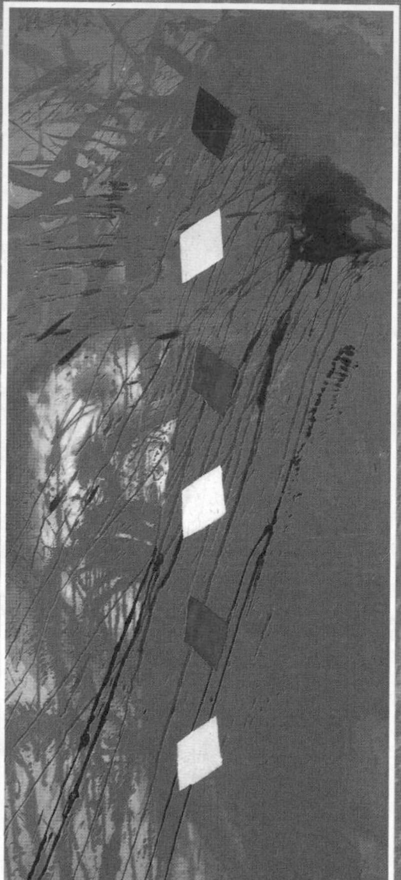

為追求真理而瘋狂，其中總不乏天才。畫家梵谷是，音樂家舒曼是，哲學家尼采是，用生命熱愛藝術的趙春翔更是。

藝術，是在風暴帶來的苦澀雨水中開花的——趙春翔如是說。

趙春翔的畫融合了中國水墨與西方近代繪畫技巧，畫中流露出神祕、強烈的力量，愛畫的人，看畫之後，未被吸引的，少之又少。

27歲的奧地利登山探險家哈勒，懷著夢想出發，經過五年的艱辛，於1944年來到拉薩，在此一住便是七年。他與當時只有十幾歲大的達賴喇嘛相友好，且每星期與達賴喇嘛見面，教授英文、科學，並向他描述西方世界的種種，成為達賴喇嘛認識西方的第一扇窗。

# Seven Years in Tibet

# 西藏七年與少年達賴

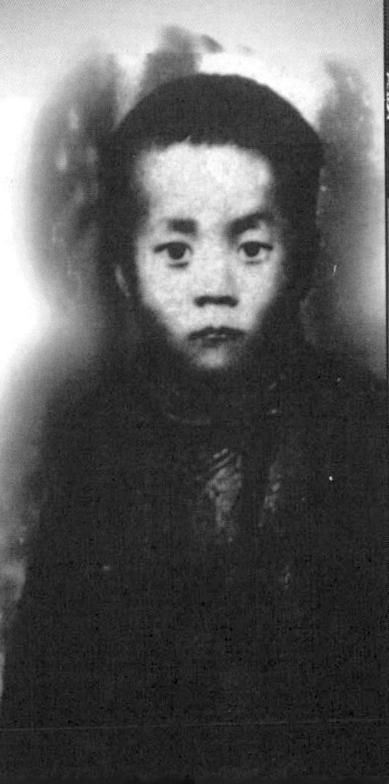


哈勒◎著

Heinrich Harrer

刁筱華◎譯


**最經典的現代歷險故事，甫出版即轟動。**

**全球三十種語言版本，銷售超過四百萬冊。**

**國家圖書館出版品預行編目資料**

潛水鐘與蝴蝶／讓-多明尼克・鮑比 (Jean-Dominique Bauby) 著；邱瑞鑾譯-- 初版-- 臺北市：大塊文化，1997［民 86］

面；　公分. -- (Mark系列；05)

譯自：Le scaphandre et le papillon.

ISBN 957-8468-33-4 (平裝)

876.6　　　　86013106

117 台北市羅斯福路六段142巷20弄2-3號

| 廣　告　回　信 |
|---|
| 台灣北區郵政管理局登記證 |
| 北台字第10227號 |

# 大塊文化出版股份有限公司　收

地址：______市／縣______鄉／鎮／市／區______路／街______段______巷

______弄______號______樓

姓名：

請沿虛線撕下後對折裝訂寄回，謝謝！

大塊 LOCUS 文化

編號：MA 05　　書名：潛水鐘與蝴蝶

大塊
LOCUS
文化

# 讀者回函卡

謝謝您購買這本書，爲了加強對您的服務，請您詳細填寫本卡各欄，寄回大塊出版 (免附回郵) 即可不定期收到本公司最新的出版資訊，並享受我們提供的各種優待。

**姓名**：________________________ **身分證字號**：________________________

**住址**：____________________________________________________________

**聯絡電話**：(O)________________________ (H)________________________

**出生日期**：________年______月______日

**學歷**：1.□高中及高中以下　2.□專科與大學　3.□研究所以上

**職業**：1.□學生　2.□資訊業　3.□工　4.□商　5.□服務業　6.□軍警公教　7.□自由業及專業　8.□其他________

**從何處得知本書**：1.□逛書店　2.□報紙廣告　3.□雜誌廣告　4.□新聞報導　5.□親友介紹　6.□公車廣告　7.□廣播節目8.□書訊　9.□廣告信函　10.□其他____________

**您購買過我們那些系列的書**：
1.□Touch系列　2.□Mark系列　3.□Smile系列　4.□catch系列

**閱讀嗜好**：
1.□財經　2.□企管　3.□心理　4.□勵志　5.□社會人文　6.□自然科學　7.□傳記　8.□音樂藝術　9.□文學　10.□保健　11.□漫畫　12.□其他_____

**對我們的建議**：________________________________________________

____________________________________________________________

____________________________________________________________

LOCUS

LOCUS

LOCUS

樂在讀書

LOCUS